«Comment montrer, sans les trahir, les choses simples dessinées entre le crépuscule et le ciel? Par la vertu de la vie obstinée, dans la boucle du Temps artiste, entre la mort et la beauté.»

René Char, *De moment en moment*

## DU MÊME AUTEUR

*Gourmandise chronique*
VLB éditeur, de 1987 à 1989

*Guide gourmand*
Les Éditions de l'Homme, de 1990 à 1996

*Plaisirs singuliers*
Boréal, 1997

*101 restos. Les meilleures tables de Montréal*
Boréal, 1997 et 1999

*Chère Joblo*
Boréal, 2003

*Je ne suis plus une oie blanche*
Flammarion Québec, 2009

# SANS MÉNAGEMENT
## (confidences)

Catalogage avant publication de Bibliothèque et Archives nationales
du Québec et Bibliothèque et Archives Canada

Blanchette, Josée

Sans ménagement

ISBN  978-2-89077-532-9

1. Blanchette, Josée - Anecdotes. I. Nadeau, Jacques, 1953 - . II. Titre.

PN4913.B5826A2 2013    070.4'4    C2013-941383-9

Conception graphique et mise en pages: Marie Leviel

Extrait de «Qu'il repose en révolte», poème d'Henri Michaux
tiré de *La vie dans les plis*, © Éditions Gallimard.
Reproduit avec l'autorisation de l'éditeur.

© 2013, Flammarion Québec
Tous droits réservés
ISBN 978-2-89077-532-9
Dépôt légal BAnQ: 3e trimestre 2013
Imprimé au Canada
www.flammarion.qc.ca

# Josée Blanchette

# SANS MÉNAGEMENT

## (confidences)

Photos de Jacques Nadeau

Flammarion
Québec

*À François, le premier regard*

# AVANT-PROPOS

## L'AIR DU TEMPS

―――――――

J'ai longtemps pensé que je n'étais pas une vraie journaliste. Puis, j'ai compris que j'étais une vendrediste, rien de plus et pas un jour de moins. Une moraliste en orbite qui n'en fait qu'à sa tête et repousse les limites comme elle le sent, de vendredi en vendredi, bon an, mal an. Je suis une passeuse, raconteuse, tricoteuse et rapiéceuse. Une tisserande qui file du temps.

Chaque vendredi, le jour le plus délinquant de la semaine, la dernière page rallie ses lecteurs dans *Le Devoir*, depuis vingt ans. Pour marquer le coup, voici quelques textes glanés au fil du temps, du *zeitgeist*. Ces confidences éparses font une courtepointe dans laquelle on peut certainement se réchauffer. Une interprétation du monde, un décor inattendu, des personnages inspirants ; il n'en faut pas plus pour réinventer sa vie ou lui donner un sens unique. Même en secret.

Réunis en cinq chapitres, ces textes intemporels traitent tantôt de la marge et de tout ce qui fait son charme, tantôt des hommes, ces mâles nécessaires. On y retrouvera aussi une parenthèse un peu déjantée sur toutes les expériences extrêmes que j'ai pu faire ou des pensées dévoyées partagées avec les lecteurs. L'avant-dernier chapitre traite des « voyages », surtout intérieurs, sans oublier le mariage, ce fragile esquif, les transports amoureux, la petite mort orgasmique et la grande, le terminus. Je conclus sur des murmures, confidences intimes de femme, d'amie, d'athée, de fille et de mère.

Entrecoupées du regard perçant d'un fidèle complice, le photographe Jacques Nadeau, ces chroniques s'illuminent et prennent leur envol. Jacques demeure pour moi le meilleur photographe de presse au Québec et son humilité n'a d'égale que sa passion et sa sensibilité. Cette phrase de René Char lui sied à merveille : « La lucidité est la blessure la plus rapprochée du soleil. »

Ce livre est né du soleil, du feu sacré et de la reconnaissance discrète de deux blessés.

À la fois pour ne pas oublier ou pour méditer plus longuement, ce recueil m'est apparu nécessaire. Je vous livre ces textes du passé parce qu'ils résonnent encore au présent, heureusement ou non.

# 1

# DANS
# LA MARGE

# Le peintre du village

## EXPLORER LE NU EN MONTRANT SON PINCEAU

« Peindre, c'est réaliser l'acte sexuel. Sauf qu'on se sert d'un pinceau. »
Bernard Lorjou, peintre

Drôle de public pour un exhibitionniste : un photographe amusé, une journaliste grippée, une belle-mère dubitative et un monsieur B. bouche bée, ne laissant voir que deux dents. Un cas de DPJ, sûrement. Essayez de leur expliquer que c'est votre travail et que c'est également celui du peintre... Ma salle à manger avait sérieusement besoin de retouches et Rony s'annonce dans *Fugues* (le magazine des gais et lesbiennes du Québec) sous « Peintre nu ».

Contrairement à d'autres peintres, Rony ne travaille que devant un public averti ; il a fait de son job un spectacle à domicile dont on ne sait trop si on doit rire ou s'extasier. « Plus il y a de monde, plus c'est le fun », prétend ce peintre qui possède ses cartes de compétence comme plâtrier et exerce son métier dans le costume d'Adam depuis une douzaine d'années. « C'est un fantasme assez répandu de regarder un ouvrier travailler nu », constate Rony.

Six pieds trois, deux cents livres, on ne badine pas avec le pinceau de ce costaud taillé au couteau. « Je ne suis pas une escorte », précise le peintre. L'idée, c'est pas le sexe à tout prix mais tu ne sais jamais ce qui peut arriver. J'ai des clients qui mettent du papier journal dans les fenêtres ! » Rony travaille dans le Village gai mais rêve de s'exhiber devant une femme. « Ce n'est jamais arrivé. Elles ont peur. Pourtant, c'est un trip visuel. Il n'y a pas de danger. Pour moi, peinturer nu chez quelqu'un, ce n'est plus un travail. C'est tripant les positions que tu peux prendre quand tu peintures nu. Les poses deviennent très érotiques et puis, en même temps, on joint l'utile à l'agréable. De toute façon, je ne travaille pas à l'heure, seulement au forfait. Et c'est pas plus cher parce que j'enlève mes shorts. »

11

*Rony, peintre nu en résidence. Gênée ? Non. Mais j'ai un peu froid pour lui.*

S'il lui arrive de se peindre le sexe au latex semi-lustre et de se coller les fou-founes contre un mur rouge brique ou vert pomme, Rony aime aussi monter sur un escabeau et faire le beau. Il se mire dans le regard des autres, voyeurs ou non, épris de lui-même. Narcissique ? Peut-être, mais en voilà un qui est payé pour vivre ses fantasmes et assume ce qu'il est sans faire peur aux enfants. Ou si peu !

### SEXE AU ROULEAU

Il a du sang d'Iroquois dans les veines, les épaules larges et la taille fine, il a le pubis rasé et un tatouage de pieuvre surmonte son « Castor bricoleur » enserré dans un « cock ring ». La belle-mère propose d'aller jouer avec monsieur B. dans sa chambre. Elle a raison, ce n'est pas un spectacle pour les enfants de neuf mois. Toutes les grands-mères savent faire la différence entre Annie Brocoli et un film XXX.

« Ça va prendre une heure ou deux ? », me demande Rony. Je ne veux pas brimer Rony dans ses élans et comme je suis sa première cliente à vie, je sens qu'il s'excite le poil du pinceau. Je devrais en profiter pour faire repeindre la salle de bain. « Enfin, je vais pouvoir donner mon spectacle devant une femme ! D'habitude, tout le monde est gêné sauf moi », me prévient-il. Gênée, non, mais j'ai froid pour lui.

Aussi appelé podeiktophilie, l'exhibitionnisme est une transgression qui cherche à choquer. Rony n'aime pas seulement être nu, il aime être le seul à l'être. « Moi, j'aimerais être nu tout le temps. J'aime aller dans le Village et me promener avec mon short en cuir pour montrer mes fesses. Mais parle-moi pas d'aller en vacances dans un camp de nudistes. Tout le monde est tout nu. C'est plate à mort ! »

Dans mon *Dictionnaire des fantasmes et perversions*, on explique qu'il y a plusieurs sortes d'exhibitionnistes, ceux qui veulent choquer, ceux qui préfèrent une démonstration réciproque, ceux qui s'exécutent devant des yeux innocents et les « comédiens » qui aiment le choc, l'effet. L'effet Rony est assez saisissant mais on s'habitue vite à le voir évoluer nu. Ne manque que les copines de filles, quelques Cosmopolitan pour s'enivrer et on se croirait dans un épisode non censuré de *Sex and the City*.

## QU'EST-CE QUE LES VOISINS VONT DIRE ?

Quand il ne travaille pas chez les autres, Rony se produit dans des spectacles fétichistes, notamment au club Cléopâtre, boulevard Saint-Laurent. Son spectacle s'intitule *Master Ronald et ses chattes*, une blanche et une noire. Rony ne cache pas sa bisexualité. Pour lui, tout ça, ce sont des détails qui ne mènent pas forcément au mariage. Toutefois, il dit trouver la femme plus soumise que l'homme. « Le sexe pour une fille, c'est pas pareil. La fille te rappelle. Le gars, tu t'amuses et c'est fini. Les gais me regardent comme une fille. Mais au plan sexuel, les filles aiment être dominées. À 20 ans, tu les comprends pas. À 30 ans, tu les trouves compliquées. À 40 ans, tu commences à les comprendre. À 50 ans, tu le sais. Je ne dois pas être très vite ! »

En tout cas, Rony est rapide sur le pinceau. Et il a de la peinture partout. « J'ai des clients qui m'ont déjà donné un bain avant que je parte. C'est érotique de se faire laver par quelqu'un d'autre ! » Non, mon chéri, l'homme dans la baignoire, ce n'est pas ce que tu penses...

Ce que Rony trouve le plus sensuel, toutefois, c'est se balader le zob à l'air en plein hiver. « J'aime ça être à − 25 °C dehors, avec des bottes, des gants, une tuque et un foulard. C'est tout. Je peux passer la journée comme ça. Ça m'excite d'aller dehors nu et je dois dégager plus de chaleur qu'un autre. » Rony est peut-être andropausé sans le savoir. « J'aimerais beaucoup travailler nu à l'extérieur, mais le problème, pour les clients, ce sont leurs voisins ! »

Si les voisins n'existaient pas, madame Chose, laissez-moi vous dire que l'humanité serait un vaste bordel !

# Un tabou en attire un autre

«Violer un tabou donne du pouvoir.»
David Homel, *L'évangile selon Sabbitha*

— Maman? Pourquoi la madame elle s'habille avec des draps?

— C'est la mode dans son pays, mais faut pas le dire fort, chéri. Seulement dans l'oreille.

Les tabous s'apprennent comme un secret, dans le creux de l'oreille, tous les enfants vous le diront.

— Maman? Pourquoi le monsieur il a des seins?

— Chuuuuuuut! Parce qu'il a trop mangé de crème glacée...

J'allais quand même pas répondre à un presque trois ans que 54 % des Québécois trimballent un excès de poids. Tabou. D'ailleurs, l'obésité ne relève plus de la responsabilité individuelle mais de l'acharnement de la publicité et des stratégies de marketing des géants du fast-food. Faudra s'y faire, il n'y a plus que des victimes. Et ce n'est plus tabou de l'être; tout le monde est victime de quelque chose ou de quelqu'un, sinon du système. Il y a sûrement une association.com pour votre victimite.

Les interdits n'interdisent plus grand-chose, ça, j'avais remarqué. Mais depuis que j'ai la tâche délicate d'éduquer un futur contribuable québécois, je constate combien les tabous s'accumulent dans mes silences équivoques. Moi qui ne suis jamais à court de superlatifs et de métaphores, je laisse de plus en plus de points de suspension, ma parole vaque à de nouvelles occupations, l'art d'éviter. Si le mot «fesse» n'est plus à l'index, tant d'autres appellent à la honte ou l'embarras, voire au plaisir, ça s'est déjà vu. Vous avez essayé «anus» ou «sodomie»? Géographiquement parlant, une région avoisinante, même chez les hétéros. Tabou.

Incidemment, j'ai lu un livre fabuleux à ce sujet durant mes vacances. Je vous en reparlerai peut-être, mine de rien, sans avoir l'air d'y toucher.

J'ai également consacré une partie de mes vacances, de Gaspé à Montréal, à demander à droite et à gauche (surtout à gauche) quels étaient les nouveaux tabous ou les anciens dont on ne s'était pas défait. Étonnamment, ils sont nombreux, courants et même un peu castrateurs.

Notre société, plus conservatrice qu'il y a 30 ans, se donne des airs de tout accepter par le biais de la téléréalité, des pubs de jeans pour nymphettes délurées et des parades de la fierté gaie. Si la pédophilie représente encore le tabou ultime avec l'inceste, les petites filles exhibent leurs nombrils et leurs strings en toute liberté. Convoiter l'innocence, passe encore, mais derrière des verres fumés. Comme me le faisait remarquer un ami gai, «plus un seul homme sain d'esprit ne va s'asseoir dans un parc pour regarder les enfants jouer». Tabou.

## MORALE OU ÉTHIQUE?

Voyez comme on a banni le mot «juif». «Musulman», trop explosif, empruntera les mêmes sentes. La morale, à force d'être moralisatrice, n'existe presque plus. On lui préfère l'éthique, beaucoup plus noble, diplômée, le sauf-conduit des intellos en territoires occupés. Parlant d'intellos, je ne me suis pas offusquée des propos tenus par Jacques Godbout, perçus comme moralisateurs, dans la livraison du magazine *L'actualité* du 1er septembre.

Selon lui, la société québécoise disparaîtra éventuellement, dans 70 ans tout au plus. Qu'on soit d'accord ou non, j'ai admiré la poussière et les tabous que Godbout soulevait au passage, ne maniant pas les concepts à la mode, n'ayant plus grand-chose à perdre, visiblement, soulignant notre couardise et notre muette tolérance brandie comme une preuve d'ouverture d'esprit. Godbout y cause aussi religion, grand tabou s'il en est.

Désormais, la nouvelle religion, c'est la solitude. Mais entre solitude et isolement, il n'y a qu'un pas franchi allègrement. Tabou aussi. Et, on ne s'en sort pas, aimer sa solitude est un tabou de misanthrope.

C'est comme les enfants. On en fait, il ne faut pas trop s'extasier. Tabou. Ça dérange ceux qui n'en veulent pas. Remarquez, on n'en veut pas, faut pas s'en vanter. Tabou aussi. On passe pour de sales égoïstes sans conscience sociale.

Et nous avons la conscience sociale incontinente. Tabou aussi, l'incontinence, je crois. Et tout ce qui flirte de près ou de loin avec la mocheté, la vieillesse, la perte de contrôle, la mort et la couche Attends.

Le suicide aussi, bien sûr. Tabou qui nous ramène à nos propres démissions, nos petites lâchetés quotidiennes. Même l'allaitement énerve, je l'ai constaté cet été. Le sein utilitaire n'est jamais bien loin de la mamelle érotique. Après avoir vu ma copine Bibi allaiter son garçon de 14 mois devant 5 musulmanes en prière au cours d'un pique-nique, monsieur B. a voulu goûter au sein interdit lui aussi. La prière peut attendre.

— Je n'ai plus de lait, mon amour. Tu peux prendre un verre maintenant...

— Zuste faire semblant, maman ! S'il vous plaît !

Des plans pour que Claude J. Charron de l'hebdo *La Semaine* m'envoie ses paparazzis. Tu vas devoir patienter jusqu'à ta première blonde, mon grand... Désormais tabou.

## LES DINOSAURES NE CHANGENT PLUS

L'argent, les menstruations et les fausses couches sont encore des tabous bien actifs. La stabilité, elle, fait présager le pire. Tabou (sauf pour les couples qui durent, la nouvelle porno amoureuse). Le changement est toujours pour le mieux, même si plus ça change, plus c'est pareil. Une téléréalité qui s'intitule *Mes vieux tout neufs*, à MusiquePlus, propose de relooker des parents pour qu'ils soient cools. Avoir l'air de parents, le dernier des tabous.

Côté baise, plus grand-chose ne choque, sauf ne pas baiser. Ça touche pas mal de couples, de parents et de célibataires, mais on joue le jeu. Les vieux qui baisent, tabou aussi. Je n'ai pas parlé des MTS, du VIH, de l'alcoolisme chez les « soccer moms », de la fessée comme méthode d'éducation ou comme soupape à l'épuisement.

Fréquenter un psy n'est plus un tabou, mais prendre des antidépresseurs l'est (nos Smarties de grands), la dépression aussi (dans le milieu du travail, on dit burn-out), et que dire de la maniaco-dépression (on dit « troubles bipolaires »).

En vrac, mélangeons les petits garçons de trois ans qui refusent d'aller sur le pot (le grand tabou du caca collectif et la pression sociale du contrôle de soi), la cigarette et la phase orale prolongée (contrôle, contrôle !), la sieste comme tourisme d'évasion, ne rien faire, prendre trop de vacances, être heureux sur le BS, les cicatrices (celles qui paraissent et celles que l'on cache), les différences culturelles, l'analphabétisme.

Rougissons, nous existons.

En attendant le coup de blush (confisqué par la sécurité aéroportuaire), ça donne une idée des sujets que j'aborderai cette année. Et de tous ceux que j'éviterai avec le plus grand soin.

# Souffrir pour jouir

## RENCONTRE ENTRE LA VIERGE ET LA PUTAIN

« Je dosais la souffrance que je m'infligeais comme les adeptes du sadomasochisme savent frôler les seuils de ce que peuvent endurer les corps sans faillir, afin de ne pas compromettre la poursuite de leur plaisir. »
Catherine Millet, *Jour de souffrance*

Devant moi, la « vierge » ceinture noire en karaté et la « putain » masochiste, deux figures bibliques modernisées de l'éventail fantasmatique féminin. Réunir ces deux sexagénaires des antipodes faisait partie de mes perversions intimes. On dit de la perversion qu'elle est une forme érotique de la haine, mais dans ce cas particulier, j'y vois plutôt un clin d'œil érotique de mon humour.

17

La sexologue et psychothérapeute Marie-Paul Ross, une religieuse de Québec dont les médias se sont allègrement entichés cet automne, et l'écrivaine parisienne Catherine Millet ont accepté de partager leurs vues sur la sexualité. Le dernier livre de Catherine Millet, *Jour de souffrance*, prolonge le récit lubrique qu'a amorcé cette dernière en 2001 avec *La vie sexuelle de Catherine M.*, traduit en 45 langues.

Nous avions laissé notre héroïne et sa libido fiévreuse, écartelée dans quelque partouze du 16ᵉ ; nous la retrouvons sept ans plus tard, en proie à ses fantasmes, broyée par la jalousie, se livrant corps et âme à un onanisme compulsif doublé d'un masochisme psychologique ou de ce qu'elle appelle plus sobrement un « érotisme de souffrance ».

En fait, le véritable sujet de ce livre, bien plus tabou que l'échangisme et la sexualité libertine, demeure le plaisir solitaire auquel se livre Catherine Millet tout du long, une façon d'expier ou d'expédier selon les cas. Elle ne nous épargne rien : ni sa façon d'atteindre l'onde suprême en frottant les lèvres de sa vulve, ni le fait qu'elle s'excitait dans le lit de sa mère toute petite, ni la teneur de ses fantasmes qui mettent en scène son compagnon, le romancier Jacques Henric, avec qui elle partage sa vie depuis 28 ans et qui partage la sienne avec d'autres.

Le seul tabou à subsister entre eux demeure celui de cette liberté mutuellement consentie (mais jamais verbalisée !), leur terrain de jeu sexuel et tout ce qu'il engendre de tortures mentales et physiques. Chaque minute de plaisir coûte cher en anxiolytiques : « Il y a des gens qui voudraient interpréter ce livre comme si j'avais payé le prix. Mais c'est plutôt le récit de beaucoup de fantasmes colonisés par des images de Jacques avec ses amies. Je me masturbais avec ça, en me substituant mentalement à Jacques. C'était un fantasme homosexuel, au fond », me dit celle qui écrit : « Heureuses les imaginations pauvres ! »

### THÉRAPIE EN DIRECT

Pour son plus grand bonheur ou malheur, Catherine Millet a deux corps et divise complètement amour et sexe. Depuis la parution de son best-seller, elle prétend que son être s'est dissocié encore davantage de son corps.

La sexologue : C'est une protection ; quand on dissocie et qu'on génitalise, on souffre moins.

Catherine M : Généralement, les problèmes commencent quand on associe…

La sexologue : Ça mène à des pratiques compulsives.

Catherine M : Je ne suis pas nymphomane mais je suis plutôt disponible… Un psychanalyste m'a déjà dit que j'étais un homme !

La sexologue : Il y a trois niveaux dans le cerveau : le cognitif, l'affectif et l'érotique. De plus en plus de femmes dissocient, mais elles ne sont pas fidèles à leur structure cérébrale qui associe sexe et amour. Et il y a des femmes dont le cerveau est plus androgynisé.

Catherine M : Je suis freudienne et beauvoirienne, je ne vois pas ce qu'est l'essence de la femme. Je suis tombée dans la sexualité libre comme Obélix dans la potion magique.

La sexologue : C'est problématique, une personne est faite pour s'intégrer. Les femmes apprennent l'orgasme alors que ça vient tout seul aux hommes. Par contre, les hommes doivent apprendre l'amour. L'homme a besoin de la femme pour intégrer amour et génitalité, vivre la fidélité. Ça ne fait pas partie naturellement de sa configuration cérébrale. Sur le plan spirituel, quelles sont vos expériences ?

Catherine M : Je crois que je ne suis pas croyante…

La sexologue : On porte tous une soif de vie et d'amour éternel. Que le corps soit soumis à la finitude va à l'encontre de la soif de l'âme. Quand on n'accepte pas ça, le corps se sent obligé d'aller vers des stimulations excessives pour rejoindre la vie éternelle.

Catherine M : Ce n'est pas le résultat d'un choix et j'ai connu la sexualité de groupe quasi immédiatement, dès 18 ans.

La sexologue : C'est d'ailleurs ce que vivent beaucoup de jeunes présentement. Ils sont initiés à la porno vers 12-13 ans et ça se termine dans les partys de sous-sol, en groupe. Pour y arriver, ils doivent se dissocier. La proposition actuelle, c'est une sexualité dissociative selon un modèle masculin. Mais ça provoque aussi la jalousie...

## EXQUISE DOULEUR

Toutes les deux semblent avoir oublié ma présence tant elles sont ravies de confronter leurs idées sur un terrain qu'elles maîtrisent bien. Marie-Paul Ross a

*Catherine Millet, grande niqueuse, et Marie-Paule Ross, religieuse et psy.*
*La putain et la vierge au rayon lingerie hard.*

repris les rênes de la discussion et analyse l'écrivaine en face d'elle, comme une patiente. Catherine Millet m'avouera, amusée, que c'est la première fois qu'elle se prête à une entrevue du genre.

La sexologue : C'est difficile pour une femme de concevoir que son conjoint l'aime quand il est avec une autre. La jalousie, c'est la perte de l'amour.

Catherine M : Je n'ai jamais pensé qu'il m'aimait moins. Ma jalousie était d'ordre purement sexuel.

La sexologue : Ça ne se peut pas ! C'est un élément trop dérangeant. Avec le cortex, vous savez, on peut dire n'importe quoi ! La jalousie est une émotion active, elle peut freiner ou provoquer. Mais l'intimité du corps, dans un concept humain, implique un don à l'autre. Et c'est plus fort chez la femme. J'en rencontre, des échangistes, mais quand ils se connectent à leur sensibilité, ils se sentent mal.

Catherine M : Moi, je me suis complu dans la jalousie et j'en ai tiré une jouissance. J'étais le voyeur. Je me suis défendue en mettant en place cette obsession. C'était une douleur exquise. La grande question, celle qui torture, reste de savoir si la personne que l'on aime jouit davantage avec quelqu'un d'autre.

La sexologue : En tout cas, vous avez ouvert la porte aux fantasmes pour bien des gens.

Catherine M : Je les ai autorisés à en avoir. Sans vouloir être indiscrète, vous êtes vierge ?

La sexologue : ... Oui !

Catherine M : Pourquoi vous êtes-vous intéressée à ces questions ?

La sexologue : Petite, ma pulsion était orientée vers l'aide aux gens. Et puis, j'ai connu l'émotion apostolique.

Catherine M : Finalement, vous êtes comme moi... très paradoxale.

Paradoxale, mais juste un peu moins sorteuse...

# «Maman, la nanny est un pirate!»

«Il faut tout un village pour élever un enfant.»
Proverbe africain

Dès l'instant où il est né, j'ai eu le sentiment très vif qu'on me confiait un être humain davantage qu'on me le donnait. Je suis devenue mère, mais avant tout parachute, paratonnerre, parasol, paravent et paranormale, pour ne pas dire paraffine. Je n'ai pas entretenu très longtemps l'instinct de propriétaire; j'ai opté pour l'instinct grégaire, consciente que deux bras et deux seins ne suffiraient pas à la tâche. J'ai préféré me faire guide et lâcher du lest sur l'illusion d'être tout pour mon fils. Par nécessité, puis par goût, j'ai impliqué mon entourage, proche ou lointain, construit un «village» autour de mon B., comme une grande famille d'autrefois mais sans les tensions inévitables.

Cinq ans plus tard, je mesure combien ces «tuteurs», pour la plupart sans enfants ou dont les oisillons ont quitté le nid, s'avèrent compétents, aimants, des repères fiables et un filet de sécurité enviable face au chaos ambiant et à la multitude de pistes à emprunter. Se savoir entouré, c'est déjà la moitié de l'amour. L'autre moitié ne tient qu'aux gestes posés et au temps volé pour le faire.

Depuis cinq ans, ces membres de notre tribu, ces super nannies, hommes et femmes, ados et adultes, ont éveillé mon B. à toutes sortes de réalités: la leur. Ils lui ont donné le pied marin, montré comment tenir une boussole et s'orienter. La complicité sécurisante d'un «grand» qui s'adresse à toi comme si tu comptais, le lien de confiance, le besoin de s'épivarder loin des parents, tout ça contribue à la philosophie de base sur laquelle s'appuiera mon fils le jour où je ne serai plus là pour lui rappeler qu'il a des devoirs envers ceux qui l'entourent.

21

*Jacquot, pirate et marin selon les quarts de travail. Tout droit sorti d'une BD.*

Et puis, très égoïstement, j'en profite ; ils arrivent à lui faire aimer le savon et bouffer des courgettes sans la moindre protestation. Ces gens ont un talent que je n'ai pas, celui de l'impressionner encore...

— Mon B., Jacquot vient souper ce soir après le travail.

— Il fait quoi comme travail ?

— Il fait des rénovations.

— Il n'est plus pirate, maman ?

— Mais oui, pirate, c'est son job de soir...

Pensez si un « gentil » pirate qui vit sur un gros voilier (le *Sedna IV*) n'est pas un modèle valable pour un petit garçon qui a besoin de se battre à coups d'épée pour vaincre les fantômes, les pandémies mortelles et l'adversité. En plus, le pirate fournit les lampes de poche et les boussoles...

## FAIRE PASSER LES MESSAGES

Régulièrement, je fais appel à leurs lumières pour régler des problèmes délicats, des conflits sur la scène familiale. À Jacques Pasquet, grand-père et ami conteur, j'ai demandé l'hiver dernier d'inventer un conte sur mesure à propos d'un petit garçon qui s'impatientait de la lenteur d'une jeune infirme. À Johnny, mon copain marin, il m'est arrivé de suggérer une promenade « entre hommes » pour régler une question épineuse. « On a tous à s'éduquer les uns les autres, me rappelle Johnny. Le fait de ne pas avoir d'enfant n'a rien à voir là-dedans. Les enfants sont le plus grand bien de la communauté dans laquelle je vis. »

Johnny me remercie régulièrement de lui « prêter » mon fils, ne serait-ce que pour l'entendre s'émerveiller : « Regarde comme c'est beau le fleuve, Johnny ! »

Pour ce grand gaillard de 50 ans qui désire avoir des enfants avec sa blonde, la compagnie de mon B. est toujours une joie et il le considère comme son pote, son égal. Et mon B. m'exhorte régulièrement de disparaître (contre un câlin) : « Va-t'en maman. Je veux être tout seul avec Johnny. » Je m'incline avec humilité, devinant que je ne suis pas à la hauteur de leurs machinations de flibustiers.

« Un copain qui a cinq ans et qui découvre le goût de l'aventure, c'est super ! Le bon goût de l'aventure quand tu sais très bien que ta mère est rendue à plus de 150 pieds de distance. On est entre gars, on est ben, pis on fait ce qui nous passe par la tête ! »

Johnny aime l'idée du proverbe africain « Il faut tout un village pour élever un enfant » : « Oui, l'éducation d'aujourd'hui doit donner une grande place au sentiment de bien-être que doit avoir tout le village. Il faut faire des humains soucieux du village. »

## MAMAN FAIT SON POSSIBLE DANS LES BUTS

Mon ami Franck, artiste et nomade en patins, la soixantaine bien accrochée, n'hésite pas à se garrocher à quatre pattes avec son copain, monsieur B. : « Inutile de lui rappeler mon état d'adulte, je préfère retrouver les racines de mon enfance... qui fut heureuse, dit-il. Lorsque la complicité est établie, étayée par un respect mutuel, l'enfant sait que je ne veux que son bien et aura tendance à adopter ce qu'il percevra de positif dans mes mots et gestes, un apprentissage naturel par observation et imitation, sans nécessairement me donner l'impression de l'éduquer. L'un apprend de l'autre. »

Franck éprouve le besoin de garder des petites personnes dans sa vie pour retrouver la pureté de ses rêves.

« La présence de ton B. me sert de police d'assurance contre le territoire mal balisé de l'adultie. »

Ce que cette relation apporte à mon fils ? « À son âge, je ne me rendais pas encore compte – avantage de l'innocence – que je progressais inéluctablement vers l'angoisse de la solitude de l'individu face à sa propre existence, répond Franck. Ma présence auprès de ton B. contribue idéalement à l'inoculer subrepticement avec les anticorps susceptibles de minimiser les effets traumatisants de cette angoisse existentielle. Il pourra envisager la vie avec davantage de sérénité quand sonnera l'heure de l'autonomie. »

Pour Franck, l'enfant s'habitue à glaner auprès de diverses sources aptes à contribuer à l'édification d'une philosophie personnelle.

Et finalement, comme ce sont des amis et qu'ils ont mon bien à cœur, je peux même leur demander de m'aider à corriger mes vilains défauts de maman.

« Tu devrais être meilleure au football... Tu devrais être une super goaler dans tous les sports. Tu devrais transmettre le moins de peurs possibles à ton petit animal mais lui donner la finesse de ton ouïe, la pertinence de ton odorat, l'acuité de tes yeux et ta cohérence dans sa bouche. Mais je suis qui pour te dire quoi corriger ? », suggère Johnny.

Selon Franck, je n'ai pas de défauts car « en devenant parent, la peau de l'âme se desquame des défauts les plus coriaces et le temps fait le reste ».

Dire que j'ai déjà consulté des psys à 80 $ l'heure...

# Aux abonnés absents... le silence

« Les feuilles d'un noisetier tremblent sous le vent : rien n'est plus
pur que cette clarté d'un feuillage, éparpillée en mille éclats
contraires. Rien n'apaise plus que l'humilité de ces feuilles tendres,
soumises sans réserve au déluge des lumières. Elles parlent une
langue suave, traversée de silence. »
Christian Bobin

25

Si je devais choisir une seule chose à apporter avec moi sur une île déserte,
ce serait une réserve de silence. Je me doute que même sur les îles perdues,
l'agression sonore doit être de mise. De toutes les pollutions, celle-ci s'avère
probablement la plus pernicieuse, la plus dommageable pour l'être humain, une
bouffeuse de sérénité, générant anxiété et agressivité.

À quand remonte votre dernière cure de silence ? Aussi loin que votre dernier repas gastronomique, j'imagine.

Le silence est si rare qu'on doit prendre des réservations pour y goûter. Et
comme pour la pollution lumineuse qui masque les étoiles, il faut s'éloigner de
plus en plus pour aller à sa rencontre. Le silence n'est plus jamais un hasard.
C'est même une matière première qui s'épuise. Faudra songer à en importer du
Tibet ou de la Patagonie, vous verrez, ça vaudra cher l'once. Le silence est d'or,
ne l'oublions pas.

En attendant, le silence étouffe sous l'effet d'un smog sonore de plus en plus
tonitruant. « On ne peut plus faire d'entrevues en extérieur dans les reportages
ou documentaires, comme on le faisait il y a 20 ans. Il y a du bruit partout »,
me faisait remarquer le cinéaste Jacques Godbout l'automne dernier. La science
semble lui donner raison. Sur le site du Regroupement québécois contre le bruit

(RQCB), on apprend que le bruit ambiant double tous les 10 ans. La dernière édition de *Québec Science* s'intéresse également au phénomène : « Le bruit qui rend malade. Si la tendance se maintient, nous deviendrons tous sourds, fous ou malades », titre le magazine à l'occasion du mois de Marie qui est aussi celui de l'ouïe. Trois pour cent des infarctus et un nombre incalculable de comportements agressifs seraient imputables au bruit ou à l'absence de silence. Les abbayes vont pouvoir doubler leur prix d'entrée et si j'étais hôtelier, je songerais au concept « hôtel de charme en silence ». Succès garanti.

## CULTIVER LE SILENCE

De plus en plus de gens autour de moi se baladent avec leurs bouchons d'oreille ou des casques d'écoute pour assourdir les bruits ambiants. Pas des aspirantes carmélites ou des bibliothécaires à la retraite, non, du vrai monde qui aime la musique, va au cinéma, apprécie une conversation entre amis mais hésite à le faire dans les endroits publics, même au restaurant, en raison de la musique assourdissante. Le préado d'un de mes amis refuse d'aller au cinéma à cause du niveau de décibels : il préfère louer ses films et les visionner à la maison.

Combien de gens souffrent en silence de ce fait moderne et inéluctable ? Difficile à dire tant qu'ils restent « silencieux ». « Plus nous serons nombreux et plus nous pourrons faire pression sur la ministre de l'Environnement », explique Patrick Leclerc, fondateur du RQCB et persuadé qu'une politique nationale du bruit est désormais nécessaire. « En attendant, ceux qui expriment leur ras-le-bol passent pour des "dérangés", de vieux croûtons qui n'apprécient pas "la vie". Mais le droit de polluer, même par le bruit, n'existe pas ! »

Cultiver le silence fait partie du jardinage extrême, même à la campagne. Et l'été n'a rien de feutré, il nous inflige un stress supplémentaire. Cette période coïncide avec les fenêtres qu'on ouvre, le festival de la construction qui débute, des rénovations domiciliaires, des souffleuses à feuilles, des tondeuses, des climatiseurs, des scies mécaniques, des motos ultra-bruyantes, des silencieux modifiés, des systèmes de son puissants, des trottinettes à moteur, des motomarines, des quads ; tout ça jouera à guichet ouvert toute la saison. Que vous prisiez ou non, vous êtes abonnés permanents à la tyrannie du vacarme.

Pire ! Toute une génération ne sait plus ce qu'est le silence, n'y a jamais trempé le lobe de l'oreille. Et quand on ne connaît pas quelque chose, on ne le recherche pas, forcément. Prisonniers de leurs écouteurs, les plus jeunes sont devenus des clients de choix pour les audiologistes, un métier d'avenir. Autrefois, la masturbation rendait sourd, maintenant, c'est l'air du temps. On apprenait dans *Le Soleil*, la semaine dernière, que la hausse des consultations pour des

*Printemps érable et tintamarre. Dormir comme un bébé n'aura jamais été aussi costaud. Bouchons fournis...*

problèmes d'audition chez les 25-27 ans était de 150 % depuis 10 ans. Quant à la proportion d'adolescents qui s'exposent à des niveaux de bruit comparables à ceux des travailleurs en usine, à cause de leur iPod, elle est de 70 %. L'acouphène est leur meilleur ami…

## LA SCIENCE DU SILENCE

Le sujet m'inquiète d'autant que je ménage le silence ; j'en suis secrètement amoureuse. Je suis entourée de silences (au pluriel) depuis toujours. Des silences choisis et d'autres inspirés, des rêveries comme des méditations, des recueillements comme des réflexions, des silences créateurs et révélateurs, des silences intérieurs et extérieurs. Mon métier épouse le silence de l'écriture et de la lecture mais, par goût, je choisis aussi la nature et son havre de silence, le plus souvent possible.

Écouter le vent dans ses feuilles, la mer caresser les rochers, percevoir les battements de mon cœur et la marée haute de mes pensées secrètes, faire silence avec quelqu'un comme ultime marque de confiance. On n'accède à soi et à l'autre que par la porte sacrée du silence. C'est peut-être pourquoi on le fuit tant. Le silence à la fois réparateur et inquisiteur fait peur.

« Quelle tristesse (pour ne pas dire quelle stupidité !) d'avoir fait disparaître le silence de nos vies en tant que civilisation. Même les films silencieux à la Ingmar Bergman sont devenus rares », m'écrit ma nonne bouddhiste préférée, Kelsang Drenpa, du centre Kankala. « Le silence permet de guérir et d'apprendre à se connaître. Notre nature pure se manifeste et nos intentions les plus bienveillantes prennent forme. Nous pouvons entendre et écouter, comprendre et réaliser, trouver la solution à tous nos problèmes. Dans le silence, nos souhaits sincères se révèlent. »

Nul besoin d'être abonné à un zendo ou à une chapelle pour apprécier ce qui fait partout défaut. Comme une seconde peau qui nous protégeait de la brutalité du monde, le silence tué s'est tu.

# Vite, slow, vite, slooooooooooooow

## SAISIR LA BEAUTÉ DE L'INSTANT

———————

« Au Japon, on enseigne l'élégance de l'art de vivre par
l'entraînement à la lenteur. »
  Dominique Loreau

Il y a des jours où j'ai l'impression de vivre dans *Une année en Provence* de Peter 29
Mayle, savez, ce publicitaire anglais qui a tellement popularisé l'arrière-pays provençal que son village de Lourmarin est devenu une destination touristique pri-
sée, un peu comme Saint-Élie-de-Caxton en Mauricie. En vantant la tranquillité
et le mode de vie « slow » des lourmarinois, le plombier qui se pointe deux jours
trop tard et le maçon qui fait la sieste sous l'olivier, Mayle a déclenché l'avidité
de tous les citadins grisés de vitesse et dopés à la formule 1. Cure de désintox ?
Direction : Manon des Sources.

À la campagne, les habitants vivent selon un cliché qui ne se dément pas : au
rythme de la nature, de l'impondérable de la météo et des saisons. C'est contre
nature, me direz-vous, d'essayer de travailler avec un service Internet à l'éolienne
de 0,6 mégabit/seconde (plutôt que 5 à la ville). Vous avez bien raison ; voilà
pourquoi la sieste et le verre de rosé provençal sont recommandés. Ultimement,
la beauté du monde vous saisit au vol.

Mon nouveau service Internet fonctionne selon la météo ; vents capricieux et
ciel plombé influencent les humeurs satellitaires. Le technicien me l'a confirmé
le plus sérieusement du monde. Ça vous fait complètement revoir vos priori-
tés et la vitesse à laquelle vous carburez. Cette dysfonction météo-techno m'a
même incitée à relire *Trop vite !*, de Jean-Louis Servan-Schreiber, qui a réfléchi
une grande partie de sa vie à la notion de temps. « C'est l'électronique, écrit-il,

qui nous permet d'aller jusqu'au bout de cette logique : l'instantanéité, aboutissement ultime et extension directe des aptitudes de notre cerveau. Car si l'ordinateur et Internet restent inférieurs à nos simples neurones pour penser et imaginer, ils les surpassent en capacité de mémoire, de stockage et de transmission. Notre cerveau a enfin trouvé sa vraie prothèse, activable à tout moment sans le moindre délai. »

Il faut mentionner que Servan-Schreiber affiche plus de 70 ans au compteur – on pourrait même le qualifier de « vieux » –, ce qui en fait un dinosaure face aux nouvelles technologies. N'empêche, je suis certaine qu'il n'écrit plus ses bouquins à la plume d'oie. Et j'aime des phrases denses comme : « La vitesse est idéologiquement neutre. »

## LA LENTEUR EST IDÉOLOGIQUEMENT ANGOISSANTE

Il est vrai que nous avons atteint des sommets dans notre rapport névrotique au temps. Nous nous infligeons – oui, il y aurait moyen de revoir des migrations facultatives de populations entières deux fois par jour – des heures dans le trafic, même sur les pistes cyclables et dans les transports en commun, à pester comme des putois pour ensuite angoisser devant une seule petite minute creuse, n'ayant de cesse de la remplir. Ça fait de nous des gens « speedés » mais plutôt lents en ce qui concerne les mutations. L'environnement, le transport, la réorganisation du milieu de travail, tout est à repenser pour vivre plus « naturellement ».

Pour cette raison, je connais des « habitants » qui ne viennent jamais à la ville. Ils ne sont pas amish, simplement effarouchés comme des chevreuils devant tout ce va-et-vient qui promet de doubler dans les 20 prochaines années.

Chez moi, à la campagne, on ne peut pas aller plus vite que son voisin. Le garagiste vous donne rendez-vous à 8 heures pour installer les pneus d'été et vous risquez d'y être encore l'automne prochain. Pendant ce temps-là, il grille une cigarette dehors, il appelle sa femme et lui dit doucement : « Mon amour ? Je te réveille ? » Sa femme, plus toute jeune, arrive une heure plus tard pour s'occuper des factures et passer le balai. Vers midi, l'auto a des chances d'être prête.

Chez « ma » fermière, c'est pareil. Les poules ne pondent pas avant 11 heures, du « slow food » sans la théorie et le prix, mais trop tard pour le petit-déjeuner. Et chez le quincaillier, on peut passer une heure au comptoir à faire approuver des plans de ponceau en bois traité par le « conseil d'administration ». Chaque employé y va de son anecdote et de son expérience pour taper sur son clou. Imaginez si c'était le pont Champlain ou Mercier...

Le mois dernier, le spécialiste-tout-terrain venu planter une haie de chèvrefeuille devant la maison m'a dit de l'arroser tous les jours. Je m'informe prudemment : « J'arrose beaucoup ? » Sa réponse laisse l'urbaine pantoise : « Tu te mets à

la place de la plante et tu sens quand elle n'a plus soif…» Finalement, le ciel s'en est chargé. Je fais de plus en plus confiance au ciel. Un jour, il vous envoie de l'eau, le jour suivant, il envoie des mormons pour éponger les dégâts*.

C'est sans parler de l'excavateur qui a mis un bon mois à venir réparer le caniveau de l'entrée. La seule façon de bouger ces gars-là (avec leurs gros engins), c'est de faire appeler l'homme de la maison et qu'il débute sa phrase par «Ma femme trouve que…». Généralement, la solidarité masculine et la pitié l'emportent sur la lenteur des délais.

### MON PAYSAN RATOUREUX PRÉFÉRÉ

Avant de tout lâcher pour changer de vitesse, j'ai appelé un vrai vieux, le père Lacroix. Parizeau, vieux? Faites-moi rire. Le père Lacroix est si vieux qu'il s'est déjà fait dire par Lionel Groulx (pour les «jeunes» de moins de 45 ans : il était chanoine avant de devenir une station de métro) que c'est la politique qui tuait le nationalisme. Le PQ devrait en faire sa devise.

Après 60 ans de vie urbaine, le père Lacroix, natif de Saint-Michel-de-Bellechasse, en a long à dire sur le rythme, lui qui est arrivé à Montréal à l'âge de 35 ans. «Nous sommes prisonniers de la lenteur car la nature est lente, dit-il. Je parle en urbain, mais c'est la nature qui mène. On n'a qu'à regarder le triomphe de l'eau qui se retire lentement dans les inondations, en ce moment. La ville est au service de la société marchande, c'est pourquoi elle doit aller vite. Nous vivons dans une civilisation d'anticipation, donc le rapport au présent est rompu. À la campagne, l'anticipation est réduite.»

La nature est lente? Et la vieillesse, donc! La vieillesse est l'une des manifestations de lenteur avec lesquelles une société rapide compose le moins bien, selon mon bon père, né au début du XX$^e$ siècle.

«La ville donne l'impression qu'elle l'a emporté sur la nature mais au fond, elle risque d'être artificielle si elle ne compose pas avec elle. Et c'est la nature qui a toujours le dernier mot.» Ou les poètes, au choix. «N'oublie pas que les poètes sont les maîtres de l'instant», ajoute le père.

En voici un que je viens de savourer lentement, François Cheng dans *Œil ouvert et cœur battant* : «Il faut sauver les beautés offertes et nous serons sauvés par elles. Pour cela, il nous faut, à l'instar des artistes, nous mettre dans une posture d'accueil, ou alors, à l'instar des saints, dans une posture de prière, ménager constamment en nous un espace vide fait d'attente attentive…»

Je prierai pour vous.

----------

* Une référence aux inondations de la rivière Richelieu cette année-là.

# L'âge des retards

## 3600 SECONDES DE CALVAIRE

« Moi, je fais attendre les gens pour leur faire passer le temps. »
    Raymond Devos

Tout fout le camp mais lentement, car c'est la « Slow Down Week » jusqu'à demain. L'exactitude, voire la ponctualité, n'est plus la politesse des rois, c'est le dernier bastion des ploucs, de ceux qui n'ont rien de mieux à glander ou qui prennent encore la peine de s'enfiler un bracelet-montre autour du poignet. Se donner un rendez-vous à une heure précise est un acte de foi naïf ou de confiance aveugle en 2008.

33

Même les pièces de théâtre débutent en retard pour ne pas perdre une réplique à cause des lambins. Et si vous avez le malheur de vous en offusquer, on vous soupçonne de manquer de souplesse, d'être plus rigide que le régime de Kim Jong-il, de ne pas être un adepte du yoga, du zen et de *3600 secondes d'extase*.

Notre rapport au temps n'est plus ce qu'il était ; depuis Carl Honoré et son best-seller l'*Éloge de la lenteur*, on le savait. Nous sommes des junkies du temps. Tout le monde en veut, mais personne ne veut ralentir. Et certains arrivent à l'étirer ou en ont davantage que d'autres. Ce sont les vrais millionnaires de notre « rat race ».

Même les insomniaques n'ont pas de temps à revendre sur eBay. Ils feraient fortune avec les retardataires. Malheureusement, le temps ne s'achète pas : il se prend, se consomme, se vole et s'envole. Et notre rapport névrotique au temps ne renvoie qu'à une seule image : notre mort prochaine, la fin du tic tac et du branlant. On peut concevoir d'arriver en retard à sa naissance, à son mariage aussi, mais à son enterrement, ça ne s'est jamais vu, sauf peut-être pour le quart d'heure de politesse.

## APRÈS L'HEURE, C'EST PLUS L'HEURE

J'ai toujours été maladivement ponctuelle. Je me fais un sang d'encre et de punaise dès que j'accuse involontairement le moindre retard. Tic (ou tact) d'animatrice de radio en direct, j'imagine. Avant l'heure, c'est pas l'heure, et après l'heure, c'est plus l'heure.

Conséquemment, je tolère mal les retardataires. J'ai l'impression d'être prise en otage, d'être à leur merci, qu'on me manque de respect. Je perds mon entrain quand ça dépasse le quart d'heure, ma sérénité quand ça frise la demi-heure et mon élan quand on me prend pour une borne-fontaine. Et je m'inquiète. C'est souffrant pour tout le monde. J'ai fait une sainte colère à mon copain marin, Johnny, qui est arrivé avec deux heures de retard – sans prévenir – pour un souper de tourtières en décembre. Il m'en parle encore avec un large sourire. Surtout pour la partie : « Je ne sortirais jamais avec un gars comme toi ! Ja-mais ! »

Si Pauline Marois estime (avec raison) que nous sommes trop accommodants envers les contrevenants à la loi 101, je trouve, moi, que nous devrions mettre les retardataires et les marins d'eau douce au pas.

Tout ça parce que les bonnes manières n'ont plus la cote. C'est pas moi qui le dis, c'est une Britannique, l'écrivaine et journaliste Lynne Truss (six ans comme critique de télé et quatre comme chroniqueuse sportive au *Times*) dans son succulent ouvrage *Talk to the Hand. The Utter Bloody Rudeness of Everyday Life, or Six Good Reasons to Stay Home and Bolt the Door.*

Selon cette chroniqueuse à l'humour béton, jusqu'à tout récemment – aux XIX$^e$ et XX$^e$ siècles –, les gens aspiraient à des manières distinguées. Mais tout comme l'argent et la célébrité ont remplacé le nom et la lignée, les bonnes manières ont perdu de leur lustre et tendent à faire has been, coincé ou snob. Et comme elles impliquent la bonne volonté de chacun et qu'aucune récompense ne peut être espérée, il faudra se résoudre à une campagne de sensibilisation nationale dans la veine du port du condom et de la violence conjugale. Ça promet !

Pourquoi les retards sont-ils devenus si fréquents ? Six milliards et demi d'humains sur la planète n'ont pas amélioré les temps d'attente à la banque, à la poste, dans les hôpitaux et à l'aéroport. Sur les routes, n'en parlons pas, le trafic s'est amplifié et le système routier est resté intact à quelques nids-de-poule près. Ajoutez une bande de rebelles refoulés qui vivent encore à l'heure de Mai 68 et cultivent leur côté « cool », la prolifération du téléphone cellulaire (le must du retardataire) qui permet de se dédouaner pronto et vous avez déjà matière à ruminer en attendant votre prochain rendez-vous. Pour le reste, un psy parlerait de peur de l'engagement ou de besoin de contrôle (je te tiens par la barbichette !) mais je n'irais jamais jusque-là...

Lynne Truss, qui a aussi été chroniqueuse Internet, va jusqu'à penser que nous vivons dans une bulle (iPod, cell., BlackBerry) et que nous n'arrivons plus à éprouver d'empathie – un des idéaux du civisme – pour l'autre. Jean-Louis Servan-Schreiber, dans *Le nouvel art du temps*, n'a aucune pitié pour les retardataires : « Le retardataire se fabrique aussi une excitation, une angoisse artificielle qu'il préférera, là encore, à l'absence de toute stimulation. »

S'il faut chercher des coupables, parlons aussi de la sollicitation constante dont nous sommes la proie. Nous voulons tout faire et nous le faisons. Forcément, ça finit par déborder dans la case horaire. Les choix offerts n'ont jamais été aussi multiples et complexes. Ce qui prenait autrefois deux minutes (acheter un café) en prend désormais quinze (latte ou serré, équitable ou regrettable, lait entier, bio ou soja, sucre blanc, roux ou stevia, cacao ou cannelle, tasse en carton ou en plastique, ici ou ailleurs, en devise américaine ou canadienne). Nous avons négligé de réajuster le chrono et de prévoir la clause « imprévu ».

### LA CLAUSE « ETHNIE »

La veille de la Saint-Sylvestre, Amir Khadir, porte-parole de Québec solidaire pour ceux qui ne le reconnaissent pas, m'a fait attendre deux heures et demie. J'ai promis de le dénoncer publiquement. Il a juré de nier. Mais c'est un politicien doublé d'un médecin, ces gens-là sont réputés pour faire attendre leurs clients, parfois des années. On appelle ça des « patients ». Amir est un indécrottable retardataire ; il a contracté cette mauvaise habitude à l'école secondaire Saint-Luc. C'était sa façon de se faire remarquer par les filles. J'ai fréquenté Saint-Luc durant les mêmes années que lui et je ne l'ai jamais remarqué, laissons-lui ses illusions.

Aujourd'hui, Amir impute ses retards à son optimisme débonnaire et son attachement à l'instant présent, qu'il ne sait pas quitter. C'est touchant le déni, parfois.

Même si on verse dans le cliché, je l'ai menacé de l'inclure dans la clause « ethnie », les « eux ». Mon copain Denis, qui vit au Brésil, me raconte qu'il doit fixer quatre rendez-vous d'affaires pour être certain que deux personnes se pointent, et pas à l'heure. Je ne voudrais pas être chargée de l'agenda de Lula. Ni de celui d'Amir.

Le 31 décembre, je n'ai pas regardé le *Bye Bye*. J'ai plutôt dansé le tango avec Amir (devant sa femme Nima, rassurez-vous). Je suis montée me coucher à 23 h 30, en catimini. Le lendemain, Amir m'a demandé pourquoi je m'étais sauvée avant le décompte de minuit.

J'ai souri et visé bas : « J'ai eu trop peur de commencer l'année en retard ! »

# Jouer dans le trafic

FERRANDEZ AU DIX30

---

« T'es pas pogné dans le trafic. Tu as pris les autres dans TON trafic. »
    Luc Ferrandez

36

Je l'attendais dans le sens unique. Nous aurions pu passer la journée à déambuler dans son quartier, où j'ai vécu une douzaine d'années, que j'affectionne comme une chanson de Mouloudji ou de Beau Dommage. Fleurs fanées de mes amours dans les rues du Plateau.

Sillonner cet arrondissement mythique avec son plateaupithèque élu, « Sa Majesté » Luc Ferrandez, est une expérience de rue fascinante. Les commerçants, les passants, un policier à pied, un déchétarien dévient de leur route pour l'apostropher, lui exposer un problème, quêter une dérogation, le féliciter chaudement. Même une automobiliste au feu rouge : « Merci, monsieur Ferrandez, pour votre beau travail ! »

Le maire « fait le trottoir » régulièrement et pratique une politique de proximité. Lui-même locataire – pas les moyens d'acheter dans son propre fief –, il vit sur le Plateau depuis une quinzaine d'années et y pédale dix mois par année.

Entre est et ouest, familles et hipsters, juifs hassidiques et granos pratiquants, anglos et francos, bobos et itinérants, garderies illégales et parcs à seringues, il y a le combat auto-vélo (ou plutôt transiteurs vs résidents) que Ferrandez a entrepris de mener depuis son élection. Une bataille qui a eu l'heur d'électriser tous les quartiers centraux de la citadelle et de lui attirer les foudres de bien des citoyens et commerçants qui ne s'étaient pas déplacés pour aller voter contre lui. Fait inusité, il est l'un des rares politiciens à qui certains reprochent d'avoir tenu ses promesses : 70 % des 150 en 4 ans. J'imagine qu'on préfère les élus plus amnésiques qui défilent devant la commission Charbonneau.

J'ai rencontré Ferrandez à trois reprises depuis janvier, en métro, à pied et à vélo. La première fois, c'était pour jaser, dans mon quartier de Côte-des-Neiges.

Le voyant surpris par le nombre d'enfants d'immigrants qui passaient devant le café, en face du métro Snowdon, je lui ai conseillé de sortir de son royaume et l'ai invité... au Dix30 à Brossard, où je m'arrête à l'occasion (ô honte!).

On fait porter à Ferrandez le chapeau de fanatique écolo, mais quiconque le fréquente sait que son cheval de bataille, c'est l'urbanisme. Le dada de ce don Quichotte sans armure, c'est la vie, rien de moins, ma Rossinante. La vie de quartier, des familles, des jeunes, des vieux, des voisins, avec plus d'arbres et de p'tits zoizeaux, de bancs décoratifs pour s'asseoir et bouffer un sandwich, qui rendent l'espace public fréquentable et désirable. «Je voudrais que les résidents du Plateau diminuent par deux le besoin de quitter leur quartier, que ce soit pour voyager ou aller au chalet. Que tout soit à distance de marche. Que cet espace soit si agréable et pacifié qu'ils n'éprouvent plus l'envie d'aller ailleurs. En somme, retisser les fils décousus. Si on ne peut pas faire ça ici, on ne pourra le faire nulle part.»

## LE FAÇADISME À BROSSARD-SUR-LE-FLEUVE

Ferrandez a étudié cinq ans en politique économique à Paris, un doctorat dont il n'a pas corrigé la thèse. Lui reste notamment de ce séjour une conduite automobile dynamique, à l'européenne. Je lui ai cédé le volant de ma Fit (un VUS, il aurait refusé à cause des paparazzis et de son image) et il s'est rendu à Brossard sans GPS, tourné à droite sur feu rouge comme un vrai banlieusard. Capable de disserter de redéveloppement des berges du fleuve et de rétrograder virilement en seconde vitesse. J'admire secrètement. Ça m'arrive de faire la fille.

Élevé à Ahuntsic mais citoyen du monde, un métissé de père français né au Maroc et de mère québécoise issue de la misère, Ferrandez aime les villes et l'influence qu'elles impriment sur notre mode de vie, notre imaginaire collectif.

Son premier choc culturel dans les rues du Dix30 donne lieu à un chapelet d'épithètes fort divertissantes: «façadisme, maquillage à l'inculture, une expérience unidimensionnelle et prévisible...» Je n'en attendais pas moins de lui.

Je le sais assez maniaque de détails (il scrute sans arrêt les épandeuses de sel l'hiver et minute les pauses-café des cols bleus au Tim Hortons) pour ne pas être surprise par son tour du proprio: «Une vraie rue, ce sont des générations différentes, des publics différents. Ici, tout est uniforme», agonise-t-il. Il est vrai que nous sommes loin de la vitrine de magasin d'estampes qu'il m'a fait admirer ce matin et de la petite friperie très Soho où l'on vendait des espadrilles végétariennes rue Saint-Viateur.

Dans ce tout compris de la Rive-Sud, tout est faux luxe, calme plat et carton-pâte. Il cogne sur une colonne en «briques». Du toc. Il gratte une enseigne argentée en faux inox: du papier alu collé sur du métal. Il va même jusqu'à

*Luc Ferrandez, un maire qui n'a pas peur de jouer dans le trafic.*

inspecter le centre d'une fontaine : du faux cuivre. « Rien de tout ça ne vieillira. Il n'y a pas d'ancrage, pas de pérennité. Et parce qu'il n'y a pas d'histoire, ils vont tout changer dans quatre ans, parce qu'on se tanne vite du décor. Certaines villes, aux États-Unis, interdisent d'utiliser des matériaux qui ne vieillissent pas. Une ville doit parler davantage que du plywood recouvert de quelque chose. Et, si tu remarques, il n'y a personne ici. Ils ont mis de la musique extérieure pour remplacer la vie. »

En deux heures au Dix30, Ferrandez n'a pas eu le temps de changer les sens uniques. Mais il a eu le temps de me rappeler que l'avenir du développement urbain ne se jouera pas à Brossard et qu'il y a une vie en dehors de la consommation.

## RESTER JEUNE

« Pour rester jeune, il faut être touché ou contraint tous les jours », aime répéter ce quinqua qui croit à la proximité des villes plutôt qu'à la solitude des banlieues. Les « monsters houses » commandées par catalogue entourant le Dix30 le désolent. Les luminaires brillent en plein jour, éclairant le royaume du gaspillage et de l'indifférence. En termes de vision, nous sommes loin de Bordeaux, Montpellier ou Strasbourg, des villes qu'il admire pour leur réingénierie urbaine. « Je te demande juste une chose : fais-moi pas passer pour un snob qui lève le nez sur la banlieue », glisse monsieur le maire.

Snob ? Non. J'ai perçu un gars baveux, pugnace, visionnaire et audacieux. Courageux aussi, face à une solide adversité. Un gars qui adore les défis, facile d'accès, qui tutoie tout un chacun sans égard au statut, droit comme son regard, capable d'admettre ses torts et qui apprécie les argumentaires intelligents. Beau gosse, en plus, ça ne nuit pas. Les médias en redemandent.

J'ai vu un passionné encore candide, un idéaliste fougueux, jeune père inexpérimenté d'un bambin de deux ans, un gars charismatique et ratoureux, désireux de faire de la politique autrement mais qui doit se lever de bonne heure pour changer le monde.

Et vous le verrez peut-être vous aussi, cet été, faire campagne électorale en sillonnant les rues du Plateau à vélo, « pas d'casse », un projecteur et un écran pour tout bagage, convainquant ses électeurs un à la fois qu'il y a un avantage à remettre le mot « vie » dans « ville ».

P.-S. – En attendant, je me demande pourquoi c'est Denis Coderre qu'on pressent comme futur maire de Montréal... Moi, c'est comme maire du Dix30 que je l'imagine le mieux.

Théâtre de l'absurde avec Marc Labrèche : « Laisse-toi célébrer... »

Le biologiste Jean Lemire à son retour d'Antarctique en 2007. Revenir, c'est mourir un peu.

*L'amour au temps du choléra* avec un fantasme nommé James Hyndman.

Le magicien
Luc Langevin :
des étincelles
au bout des
doigts.

Le député
Amir Khadir :
un féministe
de tous les
jours et un
retardataire
notoire.

Avec le
romancier
Alexandre Jardin,
on attend le père
Noël et la fin
du monde.
On se mouille,
quoi !

# 2

# UNE SOURIS ET DES HOMMES

# Spécial hommes (deux pour un)

**281 : METTRE LE PAQUET**

---

«L'érotisme, c'est quand on le fait, le porno, c'est quand on le regarde.»
Yvan Audouard

Je ne sais trop si on peut qualifier d'érotique ce déhanchement suggestif qui les catalogue dans le tiroir «belles bêtes» du jardin zoologique de mon cerveau reptilien. Pincez-moi, je suis venue assister au nouveau spectacle, lubrifié par des professionnels, des danseurs du 281. Contrairement aux cinq millions de personnes, une majorité écrasante de femmes, qui l'ont fait depuis son ouverture, je n'ai jamais osé pénétrer ici.

Le célèbre club de la rue Sainte-Catherine flirte avec le culte de Priape depuis 30 ans et fournit à 600 jeunes (et moins jeunes) femmes hystériques l'occasion de faire la queue à la porte trois soirs par semaine.

Cette avalanche d'abdos et de pecs en érection converge (oui, oui, c'est voulu, à défaut d'être velu) entre l'Adonis de foire et le culturiste de centre commercial, artificiellement bronzé, épilé comme un nouveau-né, tatoué, piercé, boosté, et je n'ai pas encore parlé du nombril. Chez certains, la peau à l'aspect cireux ne laisse aucun doute sur les vitamines à la stéroïde essentielle qu'ils ajoutent à leurs shooters «juicy pussy» ou «porn star».

Elvis the pelvis n'a rien inventé mais il conservait un tantinet de pudeur et excitait davantage mon imaginaire que ces apollons-étalons dotés de baobabs géants ou simplement baraqués du popof (merci Sana) en caleçons commandités Calvin ou Diesel. Si le manque de subtilité peut agacer, il n'y arrive jamais autant que ces mâles atteints d'éruptions volcaniques intermittentes qui vous

43

brandissent leur cigare comme s'il allait recracher chaque syllabe de l'Eyjafjalla-jökull sans s'éteindre.

Moi, ce qui m'agace, c'est qu'on suppose que cette pantomime stérile, plus lou-foque qu'évocatrice, plaît forcément à toutes les femmes qui ont déjà visionné un film porno. Et cette manie qu'ils ont de se tâter l'entrée des artistes pour vérifier si tous les morceaux y sont encore ; ça frise l'obsession ou l'insécurité. Je ne suis pas psy mais je mettrais un dix sur la table qu'ils craignent la détumescence chronique.

Et c'est exactement ce que ça m'a coûté pour vérifier la marchandise de plus près, le temps d'une toune, trois minutes taxes comprises. Car sur scène, les gars du 281 sont plus « agace-minettes » que franchement explicites. Il faut les fréquenter en privé pour mater les bas morceaux de cette boucherie de luxe. Amatrices d'animelles, tenez-vous-le pour dit : le taureau voit rouge lorsque vous agitez vos billets.

« Dans les bars gais, les danseurs montrent tout sur la scène, me confie mon copain Francis. Les mauvaises surprises à 20 $, c'est ben tannant. La plupart des danseurs sont straight ; ils ne sont pas gais comme le veut la légende urbaine.

*281. Entre l'Adonis de foire et le culturiste de centre commercial, un agace-minettes.*

Mais je te dirais qu'ils ne sont ni aux hommes, ni aux femmes. Ils sont plutôt au cash...», poursuit mon ami qui rêve de pratiquer la scrotumancie, l'art divinatoire sur les lignes du scrotum, un peu plus à l'est dans la même rue.

## LA VIRILITÉ, C'EST DANS LE BLANC DES YEUX

Modérément titillée un soir de présentation médias où les danseurs du 281 demeuraient plutôt modestes côté turgescence (les aiguilles pointaient davantage vers six heures que vers minuit!), j'y suis retournée après quelques entrevues avec les boys en question. Lorsque j'ai constaté que l'un d'eux étudiait en théâtre à l'Université Concordia avec une concentration en philo, tous mes préjugés se sont dissipés comme un gros nuage au-dessus de l'Islande.

J'en ai profité pour demander à Samuel, 23 ans, ce beau mulâtre qui rêve de remplacer Daniel Craig dans une BMW décapotable, s'il regrettait de ne pas avoir connu la Grèce antique qui immortalisait les éphèbes dans le marbre. «Non, je fais le cover du magazine *Summum* ce mois-ci, c'est l'équivalent moderne...», me répond-il.

Tous les danseurs interviewés insistent sur le fait que les clientes les regardent dans les yeux lorsqu'ils dansent à leurs tables. J'ai vérifié, c'est vrai, moi aussi je regardais Samuel dans les yeux pour masquer ma gêne et soutenir son regard de mâle dominant, sans rougir. Le mec autour? Magnifique, «cut», «slick», et la trique... ramollo. Je n'ai aucun don pour charmer les serpents.

C'est un peu normal, je prends des notes et je lis des manuels d'instruction (*Sex for Dummies*) en faisant l'amour. J'avais entendu dire que les danseurs murmuraient des petits mots libidineux à l'oreille de leurs admiratrices éperdues. Ainsi soient-elles, il n'a pas pipé mot. Je lui demande s'il est toujours aussi peu bavard: «Non, ça m'arrive de dire à la fille qu'elle a de beaux seins... quand elle en a!», me balance mon jeune animal de compagnie.

C'est ce qu'on appelle un coup en bas de la ceinture. J'hésite entre les implants «D cup» ou m'inscrire à des cours de philo à Concordia où je pourrais relire du Schopenhauer («Il vaut mieux manifester sa raison par tout ce que l'on tait que par ce qu'on dit») en essayant de rester optimiste.

Samuel continue à me fixer dans le blanc des yeux en soufflant dans mon cou, car le 281 interdit tout contact charnel. Toutefois, la chimie n'est pas trop bonne entre nous, je le crains. Les préliminaires mécaniques me font moins d'effet qu'un vibrateur en panne de désir. Je lui refile son dix et je retourne téter mon Perrier-citron tandis qu'à la table voisine les bouteilles de Laurent-Perrier rose s'éclatent autant que les filles qui s'offrent les services des danseurs pour ajouter du pétillant à la soirée.

L'une d'entre elles est en grande conversation avec une batte de baise-ball en plein service brandie à un centimètre de son visage ! Elle refile à son proprio un petit papier qui semble révéler les secrets de ses mensurations ou ses coordonnées perso. Je ne peux m'empêcher de penser que j'assiste à de la prostitution en public. Mais passé 23 heures le soir, j'ai tendance à trop penser.

## ATTITUDE, BÉBÉ, ATTITUDE

J'en profite pour parler avec la patronne, une belle femme allumée qui tient les bijoux de famille bien en main et a racheté le business à la mort de son papa. Annie Delisle conjugue cran et intelligence, protège « ses gars » comme une mère poule. Selon elle, la virilité se situe géographiquement vers le nord, dans le regard, un sourire franc, voire une attitude un peu timide, très vendeuse.

Pour Annie, le summum de la virilité est incarné par le comédien David Boutin dans *Le gentleman*. « Une sorte de regard, la barbe un peu longue, le cheveu dépeigné, pas trop placé, c'est ça que je trouve beau », dit celle qui ne manque pas de modèles pour fantasmer.

Quant à ses choix professionnels, Annie insiste sur la présence sur scène. La grosseur de Nostradamus ? Aucune importance pour elle (bien sûr), mais pour ces messieurs, oui : « Tant qu'ils assument ce qu'ils ont dans le pantalon, ça va. Mais leur ego dépend de ça ; ça joue sur leur attitude », nous explique l'experte qui passe des dizaines de danseurs en audition devant public, chaque mois.

Quant à moi, la prochaine fois, je dépose un vingt sur la table, je me ferme les yeux et je demande à Samuel de me chanter *Je t'aime, moi non plus*. Je suis une auditive, je crois...

# Il m'agace à la fin !

## (ET AU DÉBUT AUSSI...)

---

Lady Ascot à Winston Churchill :
— Si j'étais votre femme, je mettrais de l'arsenic dans votre thé.
Et Churchill de répondre :
— Si j'étais votre mari, je le boirais.

Ça va, l'amour ? Je veux dire, vous êtes encore ensemble et vous avez survécu à la Saint-Valentin ? J'en connais qui en profitent pour se larguer plutôt que d'avoir à se mentir d'amour ou à trouver un cadeau original. Tiens, tu persistes à installer le rouleau de papier de toilette du mauvais côté, ça fait cent fois que je te le répète. Tu m'é-ner-ves ! C'est ter-mi-né entre nous !

Moi, je ne prends plus de risque, je quitte le gars AVANT de l'avoir rencontré. Tout le monde se fait moins mal. Et le mâle en question devrait m'envoyer des fleurs pour me remercier. Je trouve une raison idiote, je l'amplifie au maximum et je me barre !

Le dernier en date ? Il l'a échappé belle et il ne s'en doute même pas : « Artiste professionnel, sportif, mi-intello, aime imprévu, désire jolie femme 30-45 ans, athlétique, élégante, cultivée, intelligente, ayant classe, esprit et affinités. »

« C'est tout toi », m'a dit ma mère (savez comme elles sont !). « Et pour la partie imprévue, il va être servi ! *Never a dull moment !* Appelle-le donc ! » J'ai appelé pour faire plaisir à ma génitrice et pour entendre le message de Valentin avec un accent limite Sorbonne à 2,29 $ la minute.

Il m'a agacée, mais agacée !

Il la veut cul-ti-vée. Moi, c'est ma confiture fraises-rhubarbe que j'étale, mais je cultive très bien le silence, les amitiés clémentes et le thym citronné sur mon balcon l'été.

Il la désire un peu hors norme (mais pas trop non plus, juste assez décorative) et surtout pas embrigadée dans le matérialisme (qu'elle aille magasiner chez IKEA en cachette). Il la convoite sans enfant ou alors elle a arrêté l'allaitement avant le diplôme universitaire dudit marmot. Il la souhaite bonne comme du pain de fesse, capable de défendre ses opinions, un peu triste les jours de grisaille, une position un rien esthétique qui le ferait rêver devant son pinceau. Violon d'Ingres, ça vous dit quelque chose ?

Il l'aimerait amicale, horizontale le reste du temps et bien dans sa peau s'il en reste aussi (la peau, de l'horizon, que sais-je ?). Il la fantasme autonome, cela va de soi, parce que les psycho-gouines font d'excellents thrillers (revoir Glenn Close dans *Fatal Attraction*) mais sont pénibles à vivre entre les scènes de baise. Quand on sera taxé pour l'oxygène qu'on respire, faudra les facturer en double parce qu'elles nous pompent l'air.

En passant, mi-intello, c'est la partie du haut ou du bas ? Et mi-sportif, j'espère que c'est l'autre parce que, sinon, l'équilibre est en jeu. Je me pose trop de questions, je sais. Et je sais qu'on ne sait jamais... Gabin, je crois. Je viens de passer avec succès le test «chansons pour vieux croûtons». C'est dans mes gènes, Eugène, j'y suis pour rien. Et toi non plus.

## LA FIN DES ILLUSIONS

La psy Rose-Marie Charest a raison. Parenthèse, j'aime cette femme, elle est pleine de bon sens et vous fait réaliser que vous pourriez vous débrouiller sans psy si vous preniez le temps de réfléchir et/ou de changer. Rose-Marie dit qu'un nouveau mal frappe les hommes et les femmes du Québec : l'irritabilité. Nous serions devenus tellement stressés, tellement bombardés d'informations, que plus rien ne passe, une goutte fait déborder le vase. Les attentes sont aussi énormes que les ego et le seuil de tolérance aussi bas que l'aiguille d'un thermomètre en février, tant dans notre vie professionnelle que personnelle.

Des couples se brisent pour un film de buée sur le miroir de la salle de bain, à cause de l'utilisation compulsive du BlackBerry (z'ont raison !), pour le style parental trop ou pas assez de (les enfants des autres, ouf !), pour la soupe qu'on sape, pour ceci ou cela.

Le sociologue français Jean-Claude Kaufmann a écrit dans *Agacements. Les petites guerres du couple* que la vie à deux, c'est l'art du compromis. Si j'ai bien compris, c'est un art qui se perd et pas seulement au Québec. Kaufmann a réalisé toute une étude en France sur ces agacements bien partagés qui polarisent notre attention dans le quotidien. «L'agacement nous offre une occasion inespérée de nous décentrer et de plonger de façon inédite dans les profondeurs culturelles de la personne», constate le pop-sociologue.

Qu'on parle du célèbre bouchon du tube de dentifrice, de la lunette de bol de toilette, des miettes sur le comptoir, des journaux à la traîne ou de l'assiette léchée façon Fido, les agacements sont nombreux et les écueils, inévitables.

Sans compter tous les petits drames de type lèse-économie ou lèse-écologie qui peuvent alimenter le moulin des lamentations.

Tu ne peux pas savoir comme...

À bout d'arguments rationnels pour se cantonner dans ses positions, on rumine jusqu'à ce que l'un des deux cède, oublie ou pardonne. La guerre des tranchées donne envie de relouer *Un long dimanche de fiançailles* de Jean-Pierre Jeunet.

Aussi bien vous faire une raison, votre partenaire sera toujours un étranger, porteur d'une culture et d'une histoire qui n'est pas la vôtre. « Les différences sont ordinairement oubliées, refoulées par la simple familiarité qui s'installe, ou mieux, par l'attirance et le désir », écrit Kaufmann pour qui « la fusion complice crée l'illusion de la compréhension intime ». En fait, l'agacement est synonyme de péril en la demeure lorsqu'il cristallise la troisième phase du couple, après l'extase initiale et la stabilisation qui s'ensuit.

Et n'allez pas croire que c'est plus facile si vous faites adresses civiques séparées pour gommer les sources de friction de la vie à deux. « Hélas, cela ne suffit pas toujours. L'agacement se transfère avec une fluidité détestable sur de nouveaux objets, trouvant toujours à se fixer sur une quelconque différence. Sans compter que vivre chacun chez soi peut accentuer ces dernières », constate Kaufmann. On ne s'en tire pas.

Ça me rappelle cette remarque qu'Armand Vaillancourt m'a glissée dans l'oreille lors d'une récente soirée mondaine : « Les humains... on les aime pis on les haït ! »

On ne peut pas vivre avec, on ne peut pas vivre sans, mais comme disait feu mon père : « Trouve z'en donc un avec deux ou trois défauts, il pourrait avoir 56 qualités ».

Dis, papa ? « Limite Sorbonne », c'est un défaut ou une qualité ?

# Je marie
# mon amimoureux

———

«Ne marche pas devant moi, je ne suivrai peut-être pas.
Ne marche pas derrière moi, je ne te guiderai peut-être pas.
Marche juste à côté de moi et sois mon ami.»
  Albert Camus

50   Lorsqu'il m'a fait une demande d'amitié officielle sur Facebook à pareille date, l'année dernière, j'ai dit oui sans me méfier. Aucun danger à batifoler de ce côté. Je tiens l'amitié en trop haute estime pour lui faire subir le sort des amours tordues, sinueuses, dramatiques, lancinantes, passionnelles, infidèles, tragico-miques ou conflictuelles qui furent mon lot jusqu'à présent.

J'ai dit oui à l'amitié virtuelle sans me douter qu'elle me fournirait mon meilleur ami, voire un mari. «C'est comme un ami que je trouverais sexy», ai-je expliqué à une amie de très longue date (35 ans) la semaine dernière.

Rien de plus délicat que d'essayer de définir ce sentiment mystérieux. L'amour est un enfant de bohème, tout le monde sait ça. Des essais pleuvent, les romans romancent, les téléséries en font leur beurre, mais on ne sait trop comment cette attraction peut se muer en habitude consentie puis dégénérer en aversion mutuelle... ou pas.

Bien sûr, le «ou pas» est tout ce que ça prend pour remettre le couvert une autre fois. «Tu verras, les amours de la maturité sont les meilleures», m'avait servi une amie alors que j'étais toujours célibataire et mature, un euphémisme pour «mûre», picotée comme une banane vendue à rabais.

J'ai connu l'amour charnel (tout passe, tout casse, tout lasse), l'amour fusionnel (on ouvre la fenêtre, j'étouffe), l'amour à distance (pré-Skype), l'amour d'un soir (bonjour-bonsoir), l'amour platonique (un écrivain),

*« Parce que c'était lui, parce que c'était moi. » Du Montaigne.*

l'amour névrotique (c'est pas moi, c'est lui!), l'amour paternel (il avait l'âge d'être mon grand-père), l'amour infidèle (la chair est faible, hélas!, disait-il), l'amour passionnel (de *passio* : torture), l'amour clandestin (il était marié), l'amour à sens unique (un comédien), l'amour avec un petit *a* (sans commentaire), l'amour miroir (je suis moi, tu es moi, mais qui sommes-nous?, et l'inverse!), l'amour de parade (quel beau couple!), l'amour à trois (non, ça, non, trop compliqué).

Mais ce que je retiens de toutes ces amours embryonnaires ou incendiaires, ce sont les jeux de pouvoir, l'inégalité, l'impression de toujours perdre l'équilibre et de retomber sur mes pieds une fois en solo. Parfois je dominais, parfois j'étais dominée, mais dans les deux cas, je vacillais. Et je n'ai jamais eu d'atomes crochus avec le SM. Je ne donne pas de noms.

## UN TROUBLE LIMPIDE

« "L'amour-coup de foudre", disent certains, qui appellent ainsi la découverte d'une double faiblesse face à l'énorme aimant de la procréation; mais l'amitié-coup de foudre, elle aussi saisit le cœur surpris d'un trouble puissant, et la joue pâlit puis rougit. » (Robert Graves).

J'ai connu ce trouble, celui d'une amitié qui se construit au fil des mots, vous séduit par sa limpidité, et j'ai succombé. Pour la première fois, ce trouble me permet de rester telle que je suis, de ne pas avoir à m'en défendre, de ne pas être mise sur un piédestal, de ne pas être foulée aux pieds, d'être une égale dans tous les sens du terme.

Tout comme Montaigne le disait au sujet de son amitié avec La Boétie – « parce que c'était lui, parce que c'était moi » –, je crois que certaines relations ne s'expliquent pas autrement que par une évidence. Les autres (amis) nous renvoient leur analyse mais sans percer totalement la dynamique de ce couple qui a ses légendes (Lou Andreas-Salomé et Rilke? Diane Dufresne et Richard Langevin?), simplement conscients qu'il se joue entre ces deux êtres quelque chose de fondamental, de profondément amical, de complémentaire, tissé de respect mutuel et d'admiration partagée, de destins soudés, d'intimité réciproque, une force décuplée, celle de deux ruisseaux qui descendent la même rivière et dans la même direction. « Alors, on n'est plus face à l'autre mais enfin à ses côtés. Et l'on renoue avec soi », écrit la poétesse Hélène Dorion dans son livre *L'étreinte des vents*.

Ce qui différencie l'amimoureux du « fuck friend », très XXIᵉ siècle? Tout. L'amimoureux s'engage, le fuck friend, ce dérivé de l'amant dont la devise serait « *don't ask, don't tell* », détale comme un lapin quand il ne vous en pose pas un.

L'amimoureux est un compagnon de route dans le grand voyage de la vie, il voyage léger, vous prête son épaule complice, ne vous dicte pas la direction à suivre, prend des risques, échafaude des projets avec vous, vous assure de son soutien quoi qu'il arrive, fait sa vie. Il peut prêter un serment romantique même si c'est démodé. Il est là sans être las, tout simplement.

## L'AMOUR PASSE, L'AMITIÉ RESTE

Au Mexique, le 14 février célèbre l'amour tout autant que l'amitié. Pas étonnant qu'on associe les deux sentiments dans un pays où l'amour consiste à retrouver « sa moitié d'orange ». « Comment désigner toutes les nuances, les degrés de lumière et de gris entre l'amour et l'amitié ? Comment percevoir les aspérités du visible et lire jusqu'à l'invisible ? », écrit encore Hélène Dorion. Plutôt inséparables, comme deux pois d'une même cosse, l'amour sans un germe d'amitié et l'amitié sans une dose d'amour sont impensables.

Je ne saurais prévoir le dénouement de cette histoire, aussi banale que merveilleuse, autrement que par un : « Ils se marièrent et n'eurent pas d'autres enfants »... Et c'est peut-être Oscar Wilde qui a raison : « L'amitié est beaucoup plus tragique que l'amour, elle dure plus longtemps. »

J'ai écrit l'an dernier à cet ami, futur mari, que je ne connaissais pas encore, combien je désirais « faire silence avec », le plus beau rivage de l'amour en ce qui me concerne.

Et si j'en parle aujourd'hui, non sans avoir conscience d'éprouver la fragilité d'un lien qui s'accommode mal du vacarme, c'est surtout pour constater que trop souvent, j'ai cherché l'amour où il ne se trouvait pas. À l'extérieur de moi plutôt qu'en moi. Dans le bruit plutôt qu'en silence.

# De vintage à épanouies...

## «ENCORE» VIVANTES!

---

«On n'aime pas voir des vieux à la télé. Faut pas que ça paraisse.
Un vieux a toujours tort d'être vieux. C'est assez dégueulasse, ça.»
Suzanne Lévesque aux *Francs-Tireurs*

54 Je compte plusieurs très bonnes amies dites d'un «certain» âge parce qu'il est CERTAIN que ça nous arrive aussi un jour. Et je les fréquente depuis longtemps, depuis ce temps où elles avaient mon âge, la splendide quarantaine. Curieusement ou heureusement, elles n'ont jamais eu d'âge, ni de rides, pour moi. Je les aime pour ce qu'elles sont, point barre, rieuses, frondeuses, malheureuses ou amoureuses. Et je tiens à ces amitiés intergénérationnelles (pouache, le vilain mot!) comme à une madeleine avec le thé, à un verre de banyuls sur le foie gras, à un frôlement de chat contre le mollet nu, une douceur de l'existence.

Ce sont ces femmes qui me donnent envie de relever le menton et de poursuivre, m'encouragent, dédramatisent, ne font pas tout un plat de, m'indiquent le chemin de la sagesse et du détachement. Il y a Michèle (71), Louise (69), Suzanne (68), Micheline (62). Elles sont allumées, ne se prennent pas au sérieux, ont connu la guerre (*yes mam*), ont fait les 400 coups, ne s'en font plus avec des peccadilles. Elles savent que ça peut toujours être pire et surtout, surtout, elles ne vivent plus dans le regard de l'autre, que ce soit celui d'un homme, des hommes ou de la société.

Mes mentors se sont affranchies même s'il leur manque un utérus ou une paire de seins. Même amputées des symboles de la féminité, elles demeurent féminines jusqu'au bout d'elles-mêmes. Vieilles? Laissez-moi rire. Elles sont plus libres que mes « jeunes » amies de 25 ou 30 ans ; les projecteurs ne sont plus braqués sur elles.

« Heureusement qu'à 68 ans, je sais qui je suis et ce que je veux, m'écrit Suzanne. Et surtout, ne venez pas me dire que je ne fais pas mon âge parce que je sais que vous mentez et ça me fatigue. C'est que moi, j'assume ma soixantaine avancée avec mes rides que j'hydrate chaque soir, mes cheveux gris frisant naturellement au vent, avec mes quelques plis en plus sur le ventre, avec mes seins alourdis que je protège en faisant mon jogging et mes fesses un peu plus charnues que j'assois confortablement sur mon scooter. »

« Et si ça ne vous plaît pas, z'avez qu'à regarder ailleurs car le seul regard qui m'importe désormais est le mien ! Je n'ai plus rien à prouver aux autres. »

Y a des jours où j'ai hâte d'avoir leur âge. Il faudra que je patiente ; je soufflerai 47 bougies la semaine prochaine. Et si ça ne me gêne pas de l'avouer, c'est grâce à elles aussi. Après 45 ans, une femme a intérêt à oublier son âge ou à faire la paix avec son passeport.

## DE FÉE À SORCIÈRE

Fatalement, je me suis plongée dans le dernier essai de la sexosophe Jocelyne Robert *Les femmes vintage*, en pensant que c'était écrit pour « elles », mes amies d'un certain âge et autres boomeuses. Pas tout à fait, ce livre s'adresse aussi aux femmes de mon âge, les bientôt fanées, puisque c'est à cette étape charnière qu'on se précipite chez le chirurgien esthétique pour réparer des ans l'irréparable outrage, hésitant entre les injections ou la totale, la préventive ou la charcuterie fine. Les trois quarts des interventions esthétiques sont pratiquées sur des femmes de 50 ans et moins nous apprend l'American Society for Aesthetic Plastic Surgery.

« La quarantaine, c'est la fin du party ; la cinquantaine, le bal des hormones, et la soixantaine, t'es li-bé-rée ! », me balance Louise (Latraverse) pour m'expliquer ce qui m'attend. J'ai beau la rassurer sur son joli minois et son éclat qui résiste à ce qu'elle surnomme la télé Haute Démolition (HD), elle se moque : « Attends que la face te plisse, Josée Blanchette, tu vas voir que c'est difficile ! Tout ça, c'est magnifique quand c'est pas la tienne ! Mais c'est un virage à 180 degrés ! Une réadaptation. » Pourtant, Louise est une battante, elle a résisté à l'appel du bistouri en se disant qu'elle récolterait tous les rôles de vieilles au cinéma.

À lire Jocelyne Robert, dont j'ai adoré le réquisitoire, rien dans le proche horizon n'annonce un changement des mentalités envers ces femmes qui ont l'outrecuidance de vieillir et cessent de devenir des objets de consommation, ne sont bonnes qu'au rencart. Au mieux mémés dévoyées, au pire mémés édentées, mais mémés quand même, étiquetées et stigmatisées. On retarde l'échéance comme on le peut.

« La fontaine de Jouvence s'est transformée en geyser de conformité, car ce sont les plus jeunes qui se ruent sur les remodelages esthétiques », écrit la populaire sexologue dont le bouquin était déjà en réimpression la semaine dernière, après deux jours en librairie. « Ce sont les quarantenaires qui se garrochent sous le bistouri. Les quêtes pour rester bandante dans le regard de l'autre s'amplifient avec la ménopause », me confirme Jocelyne au téléphone en me parlant des femmes avatars.

« Les filles, dès l'âge de 15 ans, grandissent avec l'impression que le corps est un objet à traficoter. Je ne te ferai pas le coup de la beauté intérieure et, pourtant, on n'est jamais aussi beau que dans le dépassement, dans l'amour. On se sent vivants. La beauté est liée au vivant. Pourquoi c'est laid, des rides ? Tout revient à ce paradoxe : on n'a pas le choix de vieillir et on nous empêche de... C'est une double contrainte fondamentale », termine Jocelyne Robert, jeune sexa qui a écrit ce livre pour mieux négocier ce passage rendu d'autant plus difficile que son amoureux est un quadragénaire...

### ENCORE BELLE ET TAIS-TOI !

On lit Jocelyne Robert, sa saine révolte, et on en prendrait encore. Un mot qu'elle répudie, ce « encore » insidieux : « J'ai retourné 2000 signets imprimés par mon éditeur parce qu'on pouvait y lire : "Elles ont ENCORE soif de volupté !" C'est vicieux ; on finit par porter le message qu'on réprouve et qu'on condamne. »

Jocelyne Robert souligne qu'auparavant, les femmes mouraient avant d'être vieilles. Aujourd'hui, on les enterre vivantes... L'espérance de vie, un cadeau empoisonné ?

« Cesser de vouloir plaire est le plus beau cadeau du monde », insiste Louise, comédienne et séductrice-née. « Je suis moins pressée, moins performante, moins énervée ET moins belle ! On s'en fiche de faire notre âge ou pas. On s'en sort comment ? On vit ! Si on parle de l'intérieur plutôt que de l'extérieur, beaucoup de choses s'apaisent. »

Je vous l'ai dit, j'ai hâte d'être vintage moi aussi. Et aucun doute là-dessus, je vais y arriver... morte ou vive.

# Draguer mou en temps de chasse

## LE QUÉBEC, CANCRE AU CHAPITRE DE LA SÉDUCTION

«Le poids d'un passé mal assumé, le flou identitaire, l'insécurité minoritaire et le manque d'assurance inscrits dans l'ADN de la population francophone du Québec constituent probablement de terribles obstacles sur les cheminements individuels, notamment la rencontre amoureuse.»
    Jean-Sébastien Marsan et Emmanuelle Gril,
    *Les Québécois ne veulent plus draguer et encore moins séduire*

Les temps sont durs. Non seulement les Québécois ont la réputation de draguer mou, mais désormais, ils doivent composer avec une compétition féroce, beaucoup mieux armée verbalement. Et la drague, c'est le vestiaire du sexe oral, mon caporal. Arabes, Latinos, Afros ou Euros, alléluia, on peut se tourner vers l'exotisme pour rosir des joues ou se décaper les genoux dans la Belle Province. Vive l'immigration et sa culture entreprenante; le secret de la revanche des berceaux et du métissage.

Rien de nouveau sous la pluie, sauf qu'on aimerait bien comprendre cette anomalie génétique qui nous confine aux réseaux de rencontre sur le Net, à la force de frappe du destin ou à l'abstinence pure et simple, si on veut s'en tenir au sexe entre Tremblay-Gagné. Se faire draguer est devenu une destination vacances pour la plupart des Québécoises qui ne fréquentent pas un quartier multiethnique ou Fermont, PQ. Et ce qui est encore plus dramatique : quel que soit leur âge !

En attendant que d'éminents spécialistes se penchent sur le problème que beaucoup de Québécoises ont résolu en prenant les devants et les derrières, le rédacteur Web Jean-Sébastien Marsan et la journaliste Emmanuelle Gril ont écrit un essai sur cette épineuse question, sans ménager le Québécois (ni la Québécoise, du reste).

*Les Québécois ne veulent plus draguer et encore moins séduire* est désavantagé par son emballage « chick lit populaire » mais s'avère un essai fouillé et bien écrit sur cette question sociale qui fait rimer romantique avec historique et politique. Sur cette anomalie qui mène généralement à la reproduction et relève donc de l'instinct (voir « animal », « rut », « permis de chasse », « survie de l'espèce », « call de l'orignal »), les auteurs ont tenté « de cerner les phénomènes qui ont transformé le Québec en désert sentimental » où 4 Québécois sur 10 seraient célibataires selon les statistiques cumulées par le couple d'ethnologues amateurs. Vaste programme et pari tenu.

## WATCHEUX ET PEUREUX

Le cinéaste Ricardo Trogi a déjà qualifié les Québécois de « watcheux » devant moi. Son surplus de gènes italiens, très certainement. Entre la vingtaine timide, la trentaine fuyante, la quarantaine en crise existentielle et les eaux vaseuses de la sagesse amère (et ses « j'aurais donc dû »), les auteurs de *Les Québécois ne veulent plus draguer...* constatent que les rencontres amoureuses n'ont pas disparu mais qu'elle sont souvent brèves, malaisées et insatisfaisantes.

Les raisons évoquées, appuyées par des entrevues avec des célibataires ou des spécialistes, vont du caractère fondamentalement effacé hérité de l'homme d'antan (un colon ou un bûcheron), à l'impact du féminisme radical des années 1970, à l'invasion de la porno, du chacun pour soi, de la société de consommation (j'achète donc je jette) et aux ravages de l'idéologie du grand amour. De façon inconsciente ou non, il souhaite une star porno et elle rêve du prince charmant. La rencontre est impossible, voire impraticable.

Fabrice Luchini disait des Québécoises (à TLMEP, dimanche dernier) qu'elles sont sexy et conventionnelles, « pas du tout délire ». Il a parfaitement raison. Et c'est probablement ce qui fait peur au Québécois moyen : elle rêve d'engagement, de fonder une famille, de barbecue dans la cour et d'enfants à enrégimenter. Dès le premier rendez-vous doux, elle abat les cartes. C'est assez pour faire déguerpir bien des lapins. Et ça ne laisse aucune place au jeu. Car c'est là que le bât blesse, le Québécois et son pendant féminin ne jouent pas, ne se séduisent ni dans la finesse, ni dans les demi-teintes. Ils se traquent dans la méfiance mutuelle.

Par crainte de se faire rembarrer aussi sec par une héroïne de *La galère* – les Québécoises sont réputées manquer du tact le plus élémentaire, à la limite de la brutalité, lorsqu'il s'agit de signifier leur désintérêt –, voulant ménager leur ego et leur piètre estime d'eux-mêmes, les Québécois ont développé une non-technique de la drague analysée dans cet essai pas du tout complaisant. Il a le regard fuyant, le verbe maladroit (et elle reste sourde à ses avances), il est trop authentique (une qualité, mais séduire, c'est mentir un peu), il n'a pas lu Alexandre Jardin et il manque de civilité. Sans compter la paresse qui lui fait préférer l'écran plat de son ordi, en guise de palissade, aux courbes somptueuses d'une belle inaccessible et revêche de sa personne.

## COMME QUOI, Y A DE L'ESPOIR

J'ai appelé tatie Cathou, la tante de mon B., le plus beau brin de fille de 32 ans que je connaisse. D'une beauté à vous infliger un torticolis permanent, raffinée, intelligente, gentille, autonome, sportive comme les gars aiment (marathons, duathlons, deux-trois vélos dans son salon). Je me suis dit que si tout collait entre réalité et théorie, elle devait être célibataire. C'est le cas depuis un an (si on exclut quelques histoires sans lendemain). Et abstinente avec ça, même si elle côtoie majoritairement des gars. Elle «roulait» avec 11 mecs, unique représentante de son sexe, le week-end dernier.

— Et pis? Tu te fais draguer?

— Non, non, non, dit-elle en riant. Ils n'essayent même pas!

Tatie Cathou est la première à en convenir, elle est trop souveraine, n'a pas peur de la solitude, cherche d'abord un égal. «Je n'attends pas après un gars. Ça ne les rassure pas, une fille qui en impose et qui est indépendante.» Forcément – tatie Cathou n'a pas toujours dépensé son énergie sexuelle dans le sport, à fréquenter des eunuques –, elle a beaucoup donné dans le Français et le Corse (c'est pas pareil!): «C'est plus facile de camper nos rôles respectifs avec la vieille Europe. Pas que je sois vieux jeu, mais j'aime penser que mon homme n'a pas de complexe à s'assumer. Et avec l'homo québécus, ce n'est pas toujours évident, il perd des plumes au chapitre de la galanterie et du savoir-vivre en couple.»

Exit mon homo.

J'entretenais la même opinion que tatie Cathou jusqu'à tout récemment. Et je convoitais déjà le prochain voyage à Paris, Florence ou Bogotá en espérant renaître dans le regard d'un homme qui vous drague, vous nargue à la blague. Je n'ai pas eu à aller si loin, Gatineau est venu à moi.

Un Québécois pur phentex, mi-classique, mi-cascadeur (ceinture noire en chevalerie, passé maître dans la conduite extrême), m'a susurré à l'oreille: «Toi, je vais te draguer jusqu'à la fin de ta vie.»

Et voilà pourquoi je le fiance aujourd'hui.

# La gloire de mon père

EN UN MOT COMME EN DIX

---

« Que sert à l'homme de gagner l'univers s'il n'a pas de culotte pour passer l'hiver. »
    Proverbe québécois

Cher Gilles,

Je ne me souviens plus du matin où j'ai cessé de t'appeler « papa ». Ce jour-là, j'ai pris l'âge adulte à bras-le-corps, ravalé ma langue et cessé de te blâmer pour tout. Dieu sait que tu avais le dos large. Mais quoi que je fasse aujourd'hui, il se trouve toujours quelqu'un pour me rappeler que le fruit n'est pas tombé très loin de l'arbre, « *a chip off the old block* », comme disent nos voisins. J'ai hérité, paraît-il, de ton énergie (soupe au lait), de tes yeux bleus, de ton instinct patrimonieux, de ta repartie et de ton sens de la formule.

D'aussi loin que je me souvienne, toute mon enfance a été bercée de haïkus gaspésiens, de proverbes ruraux, répliques suaves, épitaphes prémonitoires, aphorismes foireux, réflexions philosophico-comiques, formules-chocs issues du cours classique, pensées aggravantes ou sentencieuses à saveur médicale, tournures locales, fourchures de langue, un genre de patrimoine verbal vivant qui ne se transmet que par la tradition orale.

Aujourd'hui que tu n'es plus, lorsque nous parlons de toi, c'est toujours pour mieux te citer. Et personne d'autre ne pourrait réclamer la paternité d'un jargon aussi coloré. En catimini, j'en glisse une à mon fils de temps à autre. C'est l'héritage que tu lui auras transmis. Il me les répète sans savoir sur quelles racines ces phrases ont germé.

C'est notre courtepointe langagière à nous, notre fourre-tout complice, notre petit bas de laine de mots qui en disent long mais exigent des explications aux oreilles des «étranges». Quand je balance un «Pousse pas m'man quand a s'rase» (un dérivé de «Pousse pas mémé dans les orties») à ton petit-fils, crois-moi, il devine qu'il doit se tenir tranquille. Et même si l'expression venait de ta grand-mère gaspésienne, elle était encore plus savoureuse dans ta bouche à toi. Comme lorsque tu disais : «Si memère avait des gosses, a s'appellerait pepère.»

Par contre, je ne sais pas d'où tu tenais «Y a assez de ciel bleu pour tailler un fond de culotte à un marin». Sûrement de ton grand-père, qui regardait souvent le large avant de partir en mer.

## T'ES-TU CONTENTE DE M'AVOIR CONNU ?

De ton père à toi, tu répétais ad nauseam : «T'es-tu contente de m'avoir connu ?» Tous les fils Blanchette l'ont répétée à leurs descendants résignés. C'est une tare génétique dont nous nous accommodons. Au moment de vendre la ferme fami-liale, tu nous avais balancé : «Je ne serai pas le concierge de vos souvenirs», une épitaphe qui aurait eu de la gueule si vous étiez moins nombreux aux abonnés absents sur ta pierre tombale.

Tu as donné dans la parabole, la métaphore, étant un peu sage, un peu Chinois, un peu philosophe, un peu colon aussi à tes heures. Ça faisait partie de ton charme.

62     Comme lorsque tu ouvrais une bouteille de vin en crânant : « Une autre que les Anglais auront pas ! » Ou que tu revenais de te soulager la vessie dans la nature en énonçant : « C'est pas chaud pour la pompe à l'eau. » Nous, on trouvait ça pissant et encore plus lorsque tu ressortais ton bas latin : « *Si chientes chiaveron aches culpaveron cullus* » (Si les chiens chiaient des haches, ils se couperaient le cul !).

Quant aux paraboles à connotations sexuelles, tu avais un faible pour «Y en a pas assez pour remplir la main d'un honnête homme», qui donnait un autre sens au mot «honnête». Plus nébuleuse : «Il est plus facile de garder la bouche ouverte que le poing tendu.» Paraît que tu la servais à ta mère lorsqu'elle se plai-gnait du peu de libido de son mari...

Lorsque ta propre femme te renotait (ce qui était rare, vu sa légendaire tolé-rance), tu répliquais, fataliste : «Nul n'est un héros pour son valet.» Le valet ? Ça ne lui faisait pas un pli sur la différence.

Les fées du féminisme et de la différence ne se sont jamais penchées sur ton berceau, mais ça ne t'empêchait pas de déclarer à l'envi : «Je ne sais pas pondre l'œuf, mais je sais quand il est pourri.»

Et Dieu sait si on arrivait à te pourrir l'existence parfois. Quand la coupe débordait, tu nous envoyais balader avec «Prends de la débarrassine» ou

«Colombe, crucifix, colombe» (La paix, Christ, la paix), ou un banal «Va jouer dans le trafic»... en pleine campagne.

## RIEN DE TROP BEAU POUR LA CLASSE OUVRIÈRE

Tu m'as appris à me battre avec les mots, plus convenables pour une fille que les poings. Et même si la fantaisie est un fil de fer sur lequel j'essaie de ne pas perdre pied pour ne pas tomber dans les filets de la folie, je soupçonne que, comme toi, «j'ai une araignée dans le plafond» et que je «tintinnabule du minaret».

Tu étais comme les poireaux, la tête blanche mais le corps vert; je n'ai jamais cru que tu pouvais mourir tout en restant vivant. Cette parenté avec les alliacés te conférait un peu de sagesse et le droit d'avoir le dernier mot. Tu l'as eu allright, le dernier mot...

Lors de mon premier mariage, il y a 22 ans, tu m'avais avertie: «Écoute-moi ben! Je vais te payer ta noce mais la prochaine, elle va être au baloney.» Paroles mémorables qui résonnent encore dans l'écho des montagnes de Sutton.

Demain, au creux de ces mêmes montagnes, il me manquera un père pour descendre l'allée nuptiale. Et dimanche, je n'aurai plus de papa pour me rappeler qu'il faut toujours remonter en selle, surtout quand on vient de tomber de son cheval.

Mais à la sortie de la chapelle où je prendrai mari-pour-la-vie, il y aura un plateau de sandwichs au baloney, symbole de ta prescience.

Tu avais raison pour le second tour.

Là où tu t'es mis le doigt dans l'œil, c'est quand tu répétais: «Tu t'en souviendras plus le jour de tes noces.»

Tu vois? Je n'ai rien oublié. Pour le meilleur et pour le pire.

Ta fille

# La saison de l'homme

## DEBOUT OU ASSIS, TELLE EST LA QUESTION

«Dans un monde sans femmes, on serait tous à comparer
nos attributs inutiles et à se demander lequel de nous pissera
le plus loin.»
 Fabrice Luchini

64

Fabriquer un mâle n'est déjà pas si facile, mais élever un mec à hauteur d'homme s'avère une tâche délicate, semée d'embûches qu'on ne soupçonne même pas. Il ne suffit pas de les emmener voir *De père en flic*, de leur enseigner à décapsuler une bière avec les dents et de leur montrer à pisser debout. Que non! Reste l'essentiel : se tenir droit, tenir ses promesses, tenir à la vie et tenir bon.

Heureusement qu'il y a l'été. Tout est plus facile, tout est plus viril, plus direct, plus mec. Le barbecue est à la portée de n'importe quel pyromane, le banc de scie ne demande qu'à vrombir, la moto dans le garage aussi, le plein air reprend du service et le Cro-Magnon qui sommeille revit, chaque arbre devient un poteau potentiel sur lequel se soulager. Malgré l'humidité ambiante, y en a même qui s'essaient à «partir» des feux sans allumettes, comme chez les scouts. Mais le véritable test de la virilité, c'est d'allumer un feu avec une seule allumette, histoire de mettre ses nerfs à l'épreuve.

Être un homme, un vrai, c'est quoi? Si je m'attarde aux dernières conversations que m'ont tenues des représentants de l'espèce XY – un mâle, début cinquantaine, et ses trois fils de 25, 21 et 11 ans –, ça tient à peu de chose : pisser debout. L'appel de la nature et de la liberté se fait sentir de façon encore plus pressante durant l'été. Dire que j'ai eu des chums qui pissaient assis, dans une position jugée inférieure et dégradante. Me semblait aussi... Par contre, y a des hommes qui ne se tiennent debout que devant l'urinoir, faut pas se fier aux apparences.

En pissant debout,
le mâle domine
la situation.
Que dis-je...
le monde!

La parole au fils de 25 ans : « C'est la dernière chose qui nous reste pour nous différencier des filles. Si je pissais assis, j'aurais peur que ça joue sur ma virilité et mes décisions. Des plans pour que je m'achète une New Beetle ! En pissant debout, on domine le monde, on contrôle le jet, la direction, c'est une aventure ! Et ça fait quand même 40 000 ans que ça fonctionne comme ça. Oui, c'est un cliché, mais j'y adhère ! » La veille, ce même jeune homme a assisté à un combat extrême de Georges St-Pierre, style *Fight Club*, moins le sang. L'homme, le vrai, se caractérise également par ses autres fluides corporels, les trois « s » : sueur, sperme et sang.

## C'EST QUOI UN HOMME ?

« C'est quelqu'un qui prend des risques », me dit le cadet de 11 ans, qui ne se formalise pas d'apprendre que son père urine assis, sans prendre trop de risques, contrairement à ses deux frères, interloqués, en état de choc. Comme si on leur apprenait que GM a fait faillite.

Moi, si on me posait la question, je dirais qu'un homme, c'est un vis-à-vis poilu, mais il y a toute une génération qui ne se met plus « à poils », et s'épile un peu, beaucoup, passionnément, sans associer le geste à un manque de virilité et sans savoir que cette pratique est héritée des gais, des acteurs pornos et de certains cyclistes qui se passent les mollets au Neet pour être plus aérodynamiques.

« En tout cas, un vrai gars, c'est certainement pas quelqu'un qui pisse assis ! », rajoute le puîné de 21 ans : « Penses-tu que Napoléon et Christophe Colomb pissaient assis ? »

Si j'ai bien saisi, tu ne peux pas être un « vrai » homme (découvrir l'Amérique ou perdre Waterloo), pisser assis, manger du tofu et conduire une New Beetle équipée d'un vase à fleurs. Le même homme peut être ceinture noire en taekwondo, triathlète sérieux, frôler l'asphalte du genou dans les courbes avec sa moto sport Suzuki GSX-R 1000 (0 à 100 km/h en 3 secondes), se prendre pour Michel Vaillant et investir toutes ses économies dans son auto de rallye ; s'il pisse assis, c'est suffisant pour être disqualifié au premier tour.

« Vas-tu changer l'eau du vase dans ta New Beetle ? », demande le plus macho de ses fils au quinqua/taekwondoïste en question, alarmé par le nouveau modèle d'automobile qui va pénétrer dans le circuit fermé familial et faire partie de l'héritage. « En tout cas, je t'enlève de mes "top friends" sur Facebook ! Et je te souhaite que "ça" ne se perde pas, comme le vélo… », tranche la progéniture qui s'acharne sur son vieux. Dur, dur, la paternité.

Le père, qui a lu *Real Men Don't Eat Quiche* il y a 25 ans, a sagement laissé pisser... C'est l'avantage de vieillir, on pisse moins loin, mais comme on voit moins bien aussi, on s'en fout.

## LE MODE D'EMPLOI SE PERD

Secouée par cet échange à fleur de peau entre quatre représentants supposément évolués de la race et répartis sur trois générations, je m'en suis remise à un ouvrage au-dessus de tout soupçon : *Le livre de l'homme* rédigé par trois Allemands. Même Daniel Craig (l'agent 007) a sûrement dû lire ce livre dans lequel on apprend à faire atterrir un avion ou stopper un train, à affronter la chute des cheveux ou un requin, à échapper à une bagarre ou comment se comporter dans une maison close.

On y montre même à composer son coffre à outils et à retourner les crêpes, à se tenir dans un resto chic, à quitter une femme sans passer pour un couillon, ou à en écouter une toute une soirée sans consulter son BlackBerry en douce, à feindre l'orgasme (scusez du peu, je croyais que c'était réservé au sexe féminin !).

Par contre, rien sur le comportement dans les urinoirs. Par exemple, je sais que chez les Français, on préconise de cibler la faïence (plutôt que l'eau), pour éviter le son de miction et par délicatesse pour l'entourage. Chez les Anglais, on tire la chasse d'eau en même temps pour les mêmes raisons. Au Québec, on se contente de fermer la porte ou de viser l'urinoir, c'est déjà ça de gagné.

On me dit d'ailleurs que ce qui se passe dans les urinoirs y reste. Là-dessus, la gent masculine est unanime et solidaire. Même chose pour les conversations qu'on peut y surprendre. Tiens, récemment, le comédien-humoriste-réalisateur Patrick Huard a failli s'éclabousser la braguette parce que son voisin d'urinoir, au théâtre, ne le reconnaissait pas. Même pas subtil. Et très vexé avec ça.

Comment je le sais ? Je pisse debout, c't'affaire.

# Le p'tit babe et le p'tit vieux

## LES RACINES DE L'ATTACHEMENT DE 0 À 100 ANS

———————

« Plus on vieillit, plus faut faire preuve de goût pour apprécier la vie. On doit devenir raffiné, artiste. N'importe quel crétin peut jouir de la vie à dix ou à vingt ans, mais à cent, quand on ne peut plus bouger, faut user de son intelligence. »
Éric-Emmanuel Schmitt, *Oscar et la dame rose*

Depuis quatre mois, chaque fois que je rends visite à mon p'tit vieux, j'arrive avec mon p'tit babe sous le bras. Ces deux-là sont faits pour s'entendre et pourtant un siècle les sépare. Mon grand-père s'en va sur ses 95 ans et son arrière-petit-fils sur ses cinq mois. En quelques semaines, c'est fou combien les deux hommes de ma vie ont changé. L'un a doublé de poids, l'autre en a perdu beaucoup, mais comme dit Alban, « c'est pas la grandeur qui fait l'homme ». Pas la grosseur non plus, d'ailleurs. L'un ne marche pas encore, l'autre ne marche plus. L'un fait ses dents, l'autre s'en défait. Et puis ils me font marrer tous les deux parce qu'ils prennent la vie du seul bord qui ait encore un sens, celui du moment présent.

Chaque fois que je rends visite à un p'tit vieux avec mon p'tit babe, le p'tit vieux pleure et le p'tit babe rigole. Le plus vieux des deux voit toute sa vie repasser en faisant teuf-teuf et en grinçant des essieux. Il reconnaît la joie pure, sans même une petite dent de sagesse pour mordre. Juste de la bave, et des *b* mouillés, des *brrrrrvvvvv* qui essaient de s'emparer de votre index pour soulager une gencive douloureuse. C'est la seule chose qui peut encore attendrir un p'tit vieux qui se prépare à partir, l'innocence qui fait des *b* baveux.

Pour mon p'tit babe et mon p'tit vieux, c'est kif-kif : ils ne font pas leurs nuits et ils sont très vulnérables. Il faut faire attention aux microbes, ça pourrait les tuer. Je protège mon p'tit babe d'un tas de maladies en l'allaitant : l'asthme, l'indifférence, les allergies au Nutella, le syndrome de la mort subite. On devrait allaiter les p'tit vieux, tiens, quoique mon grand-père prie tous les jours pour attraper la mort subite. La mort lente est trop cruelle. Ma vieille amie Françoise qui a 94 ans en est convaincue ; c'est une façon de partir pour ne pas regretter la vie. On les fait beaucoup pâtir vers la fin pour que les p'tits vieux ne se disent pas : « J'aurais dû traîner plus longtemps. »

Pour les aider à partir, on les oublie dans le fond d'un placard à vieillards, on les appelle le moins souvent possible. De toute façon, on ne sait plus trop à quoi ça pense un vieux, ni à quoi ça peut bien servir. Un vieux, c'est comme un bébé, ça ne sert à rien, ça regarde passer le temps qui passe. C'était écrit dans le *New York Times Magazine* de dimanche dernier : un baby-boomer américain sur 20 deviendra centenaire et trouvera le temps looooong. Mon p'tit babe, lui, a une chance sur deux de vivre jusqu'à 100 ans. Le pauvre, il n'a pas fini de porter des couches.

### LE CORDON DE L'ATTACHEMENT

Lorsque mon p'tit vieux est malade, je l'appelle tous les matins. Et si je saute un seul matin à cause de mon p'tit babe, mon p'tit vieux me téléphone pour me demander ce que je fous. Aux yeux de mon grand-père, l'aîné de 12 enfants, il n'y a vraiment pas de quoi se vanter d'être débordée en s'occupant d'un seul bébé. « Quand je pense à nos mères... », me laisse-t-il entendre. Et j'entends bien.

Ce que j'ai le plus de mal à entendre, c'est lorsqu'on me demande quel âge a mon grand-père. « Quatre-vingt-quinze ans !!!! ? Ben, c'est le temps qu'il parte... » En d'autres mots, faut t'y faire, ma vieille, ton papi, il est pourri. Si vous voulez m'achever, c'est la façon. Comme s'il y avait un âge où ça faisait moins mal de devoir enterrer les gens. En fait, c'est le contraire. Plus on s'est attaché au quotidien, plus le cordon est solide, plus il devient difficile de le couper. La mayonnaise est prise pour de bon. Désormais, je n'imagine plus la vie sans mon grand-père au bout du fil pour me donner des conseils de vieux (« Fais attention en auto, prends l'autoroute, c'est glissant aujourd'hui »), pas plus que je ne l'imagine sans mon fils pour chanter *Ainsi font, font, font...*

Et pourtant, mon p'tit babe n'est pas dans ma vie depuis bien longtemps... Mais toutes ces nuits à l'allaiter, toutes ces soirées à apaiser ses coliques, ces secondes interminables d'inquiétude, ce petit étirement répétitif où l'on se dépasse pour l'autre, ont créé un attachement inaltérable. Les théories sur l'attachement (le fameux « bonding ») expliquent bien le phénomène. Sans l'attachement qu'éprouvent les parents pour leur bébé, celui-ci ne survivrait pas. C'est cet attachement qui permet au babe d'être assez en sécurité pour aller découvrir le monde, et c'est lui aussi qui le fait revenir en galopant au moindre signe de

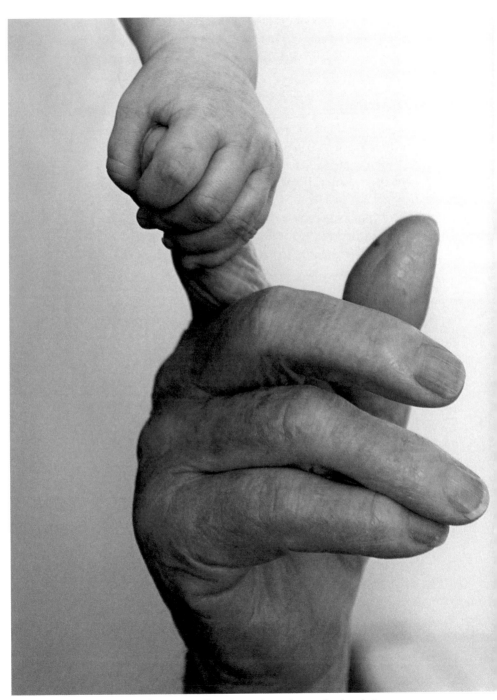

*Arrière-petit-fils tenant le gouvernail. Mon B. et Alban. Quatre-vingt-quinze ans les séparaient.*

danger. L'attachement, c'est le je-serai-toujours-là-pour-toi, c'est l'art de s'aimer sans mots, c'est la différence entre faire un détour, surtout si ça coûte, ou ne plus y penser parce que ça ne coûte rien.

## PASSE-MOI LE SEL

La semaine dernière, mon grand-père a sorti une salière cachée sous son fauteuil, histoire d'assaisonner sa soupe à sa façon. « Je leur joue des tours. Ils salent pas ici. Ils cuisinent pour des malades ! » Mon grand-père a la tête dure comme une statue de sel ou comme un Gaspésien élevé à la morue salée. Et il devise en attendant la marée haute : « La vie nous est prêtée, ma chère enfant. On est de passage. Si tu veux un souvenir de moi, prends-le tout de suite. » Je n'ai rien répondu. Je n'ai rien pris. Le plus beau souvenir que j'ai de mon grand-père, ce sont les yeux bleus de mon fils, les mêmes qu'avait mon père et qui ont déteint dans les miens. Dans la famille, c'est un gène dominant. Ces yeux bleus malicieux ne sont jamais très loin d'une larme. Jamais très loin du grain de sel non plus.

À bien y penser, Alban, je prendrais aussi ta salière en souvenir.

# La virilité vraie

## (POIL À LA RAIE ?)

---

«La virilité d'un homme, c'est d'abord ce qu'il cache.»
André Malraux

Il semble qu'aussi loin que l'on puisse remonter dans l'histoire de la virilité, la crise guette le mâle. Et le concept même de virilité repose sur une angoisse latente, celle de l'impuissance. Alors qu'elle était autrefois construite avec des muscles, des silences et de la bravoure (et encadrée par un duvet follet), elle dégage aujourd'hui un parfum de phéromones et d'hormones, de séances de culturisme, de dosages savants de stéroïdes et/ou Viagra et de salon de toilettage. Ah oui, et l'homme a appris à parler, poil au nez…

73

En fait, le poil – ou son absence – tranche nettement selon la génération à laquelle on prétend appartenir. Dans les gyms (j'ai mes espions au vestiaire garçons), l'homme d'âge mûr arbore sa pilosité comme une armure et un signe de maturité sexuelle. Si le caillou est dégarni, on peut encore se rattraper côté poitrail. Chez les plus jeunes (lire 35 ans et moins), le mâle est glabre comme un eunuque et aussi dépoilé qu'une statue de cire, de la barbe à la queue.

Cette esthétique revisitée ne date pas d'hier, pourtant. Déjà, chez les Romains, on se critiquait à coups de vers (de plus de 140 caractères) pour se moquer de ceux qui s'épilaient l'anatomie («Ta femme pourrait t'appeler sa femme»).

«Si tu épiles ta poitrine, tes jambes et tes bras; si ta verge, après le travail du rasoir, n'est entourée que de poils follets, c'est que Labiénus (qui l'ignore?), tu songes à plaire à ta maîtresse. Mais à qui songes-tu, Labiénus, quand tu épiles ton cul?» (Martial)

L'homme épilé dans cette Rome où l'homosexualité n'est pas contraire aux mœurs passe pour l'efféminé et signale sa soumission sur le plan sexuel, nous apprend le premier tome d'*Histoire de la virilité*, un trio qui exige du muscle pour le soulever et passe en revue cette virilité malmenée de l'Antiquité à nos jours.

J'y ai relevé tant d'adjectifs concernant la virilité, «menacée», «en crise», «inquiète», «criminelle», «dangereuse», «brouillée», «suraffirmée», «ébranlée» dans le chapitre «On ne naît pas viril, on le devient», que j'ai fini par me demander si Batman n'était pas une métaphore commanditée par Nair.

## SE FOUTRE À POIL

Même si l'expression «se foutre à poil» a perdu tout son sens, la virilité, elle, en a trouvé une autre : «Les arbres ont l'air plus grands lorsqu'on élimine la fougère à leurs pieds», clame une publicité de Gillette qui vous incite à jouer du rasoir sur les parties intimes. «Et si, malgré ce zizi qui a l'air un poil plus grand (pardon pour le jeu de mots), l'homme glabre assume mal cette soudaine redéfinition de sa virilité, l'institut d'épilation masculine Nickel à Paris le rassure en lui proposant des formules dépilatoires "jambes de cycliste", "dos de nageur" ou "torse de boxeur". L'honneur est sauf. Même privé des symboles antiques de sa puissance mâle, l'homme reste un homme», écrit le journaliste Stéphane Rose dans son essai poilant *Défense du poil. Contre la dictature de l'épilation intime.*

74        J'ai adoré ce petit bouquin qui s'attarde beaucoup à la déforestation du mont de Vénus, mais saute également la clôture du côté masculin pour nous expliquer ce qui a convaincu Rambo de s'armer de rasoirs, de lasers ou de crèmes dépilatoires, un marché évalué à 1,8 milliard de dollars en 2008, tous sexes confondus. Et Dieu sait qu'ils le sont.

Plusieurs facteurs auraient influencé ces messieurs (dames) selon le journaliste français qui se désole de ce «tsunami dépilatoire». D'abord, l'esthétique gaie (hormis les «bears»), suivie de très près par l'industrie de la porno qui impose ses diktats où le poil fait figure d'intrus et de trouble-fête. Ensuite, l'hygiénisme répandu (le poil, ça fait désordre et les morpions y copulent), et finalement le mercantilisme soutenu par une industrie qui ne demande qu'à vous badigeonner de cire, à vous torturer à l'électrolyse (méthode Harper), au laser ou à la lumière pulsée aux quinzaines. Le désherbage du jardin intime n'a jamais été aussi facile et répété. On se demande qui le premier a eu la brillante idée d'aller se ratiboiser au sud du sud avec une image de dunes en tête.

## HONNI SOIT QUI POIL Y PENSE

Le sociologue québécois de la sexualité, Michel Dorais, va plus loin dans son récent essai *La sexualité spectacle*, et parle d'homme mutant. «Parce que ce corps bichonné et augmenté au prix d'efforts appréciables, on entend bien le montrer.

*Que de nœuds et de vents entre Ricky et Johnny. Mes potes marins sur le Sedna IV. La virilité sans esbroufe.*

C'est pourquoi on le rase et on l'épile (ce qui permet de mieux voir les muscles, tout en faisant plus juvénile)... », écrit-il.

Dorais parle d'apparence trafiquée, «sans cesse en processus de correction pour être fidèle à son fantasme, à une image idéalisée d'elle-même».

Et cette image de soi doit toujours nous rappeler la juvénilité, les poils – 5 à 15 millions sur le corps humain – constituant l'ennemi pubère à exterminer. «Car, par leur nombre et leur couleur, les poils trahissent l'âge des gens; un corps sans poils est plus que jamais un corps sans âge, sans compter qu'un corps sans poils est encore plus lisse, plus nu. La vogue du rasage ou de l'épilation intégrale autant chez les hommes que chez les femmes peut aussi être perçue comme une manifestation de ce pédomorphisme, que l'on pourrait définir comme une valorisation ou une imitation des caractéristiques physiques des enfants et des jeunes adolescents», écrit encore le sociologue ès sexe. «Paradoxe saisissant dans une société qui combat la pédophilie, le corps de l'enfant impubère semble LE modèle imposé aux adultes des deux sexes.»

Michel Dorais souligne avec justesse que la culture anti-âge est une culture de la haine de soi. Et si la culture anti-poils n'était que le reflet d'un monde lisse, lisse, lisse, où le mensonge fait loi?

En ce qui me concerne, je suis prête à lancer un concours du plus beau «shag» pour que les toisons reviennent sur les torses et un Movember intégral pour encourager la recherche sur le cancer du testicule.

À moins que le testicule ne devienne obsolète lui aussi.

# Un homme, un vrai, rien de chiqué

LETTRE À PATRICK HUARD

Cher Patrick,

J'aurais préféré te rencontrer, mais après avoir été sacré « Personnalité de la semaine » dans un journal concurrent, il ne doit plus t'en rester beaucoup pour être le « stud du mois » au *Devoir*. Tu sais, ça nous arrive d'être groupies, nous aussi, même quand c'est populaire.

J'aurais tant aimé poursuivre cette conversation sur les rapports hommes-femmes entamée il y a quelques années déjà au bar de danseuses Wanda, rue de la Montagne. Nous n'avons pas gardé les cochons ensemble, mais nous avons regardé les cochonnes ensemble, ça tisse des liens, il me semble. Ton pote Éric Lapointe dansait debout sur les banquettes fermes comme des seins en silicone et j'étais assise entre toi et un de tes amis qui nous avait présentés.

— Qu'est-ce qu'une belle fille comme toi fait toute seule un samedi soir ?, m'avais-tu demandé, comme si seules les moches avaient le privilège de partager leur vie avec la solitude.

— Apparemment, j'attendais une invitation chez Wanda. Dans ma prochaine vie, j'aimerais être réincarnée en poteau d'acier inoxydable. Ça m'a l'air drôlement sympa comme boulot, tu trouves pas ? On n'est jamais seule le samedi soir, en tout cas !

Tu me pardonneras, mais j'étais remplie de préjugés quand ton film *Bon cop, bad cop* est sorti au grand écran. J'ai attendu, pour m'y rendre, qu'un de mes ex, plutôt intello, se pâme en me disant que tous les gars voulaient ressembler à Patrick Huard et que toutes les filles désiraient le baiser (ou se faire baiser par, c'est selon).

Conclusion : si tous les gars se mettent à te ressembler, on est encore plus dans la merde que l'est Guy Fournier depuis dimanche dernier\*.

Parce que si je me fie à ta représentation des hommes, des femmes et des rapports hommes-femmes dans ce film, nous célébrons l'époque où les danseuses de Wanda sont devenues mères de famille ou continuent de s'acharner à califourchon sur l'homme en hurlant : « Vive le Québec libre ! »

Oh boy ! Je n'ai pas été sidérée par la représentation sommaire de ta fantasmagorie féminine. Réduite à ses nichons et sa fonction reproductive, une fille est mère ou putain sur ce terrain foulé et refoulé, encore que pas assez, semble-t-il. Et le mâle n'existe que parce qu'il domine la situation, ses émotions, la femme, toutes ces réponses.

J'ai été simplement déçue que ce film soit un succès national et qu'il devienne une référence culturelle. Après toi, il y a Séraphin. Tu avoueras que nos héros manquent d'étoffe même s'ils ne manquent pas de couilles. Et des couilles sans étoffe, ça fait des couilles qui se les gèlent.

## L'HOMME OUATCHO

Tu as beau incarner le mec traditionnel, non conformiste et rebelle dans ton film, tu as beau nous l'avoir badigeonné au pesto de la modernité (papa poule cool qui partage un duplex avec son ex – Charlotte Laurier –, à qui il mentionne qu'elle peut encore « pogner » parce qu'elle a de beaux seins), tu as beau personnifier le fantasme du « bad boy », du « Marlboro man » en bazou miteux, du mâle alpha dans toute sa splendeur délinquante, tu sers surtout de faire-valoir à ton « bon cop » torontois, à la fois métrosexuel et viril, un homme de peu de mots et d'une grande sensibilité, qui sait cuisiner l'endive et deviner la femme, si ce n'est l'inverse. On appelle ça un ouatcho. Mi-ouate, mi-macho.

Le flegme britannique, l'élégance, la dégaine, le sourire entendu, même le col roulé. Fiou ! Je reprendrais du Colm Feore, même déguisé en pâté chinois. Mon véritable fantasme, c'est lui. Et il nous repose un peu du Québec des beaufs, sans compter qu'il n'a pas besoin comme toi de nous faire une démonstration permanente des sous-produits de sa virilité. Il l'assume, ça nous suffit.

Sachant que tu n'es pas qu'un excellent comédien mais que tu as aussi des idées, j'ai consulté des spécialistes pour savoir ce qu'il y avait dans un homme en 2006, histoire que ton prochain scénario n'ait pas l'air d'un évadé de prison à sécurité maximum. Les symboles qui permettaient d'identifier la virilité autrefois (la cigarette, l'alcool, les chars, le sport) sont en déclin, sauf

----------

\* Une déclaration scato qui a coûté cher à Guy Fournier à TLMEP...

pour le sport. Zidane peut encore donner des coups de tête, c'est perçu comme un signe de virilité.

« La virilité, c'est une violence maîtrisée, c'est une force intérieure, une attitude, me dit Nicolas Riou, auteur de l'essai *Un homme, un vrai. Y'a quoi dedans ?* Selon ce spécialiste en consommation et tendances socioculturelles (français, OK, mais des beaufs, y en a partout !), les hommes sont placés devant la tâche difficile de réinventer une virilité compatible avec l'époque. L'homme rose ne fait pas rêver mais la brute néomacho que tu incarnes, non plus. Sauf certains nostalgiques, peut-être. Et depuis Dawson, ils vont être obligés de revoir leur costume d'Halloween.

## UN GRAND VIDE EN CHANTIER

Selon Nicolas Riou, qui voit poindre une virilité plus « positive » à l'horizon, nous avons actuellement affaire à quatre types d'hommes : les métrosexuels urbains un peu trop féminisés sont une invention des médias qui ne concerne que 5 % des mecs. David Beckam, c'est de la pub, de la frime, du marketing de crème antirides à l'huile de thé des bois et d'antisudorifique à la vanille tahitienne. Vient ensuite son cousin, le gai, très tendance mais pas très porté sur la femme, si ce n'est pour lui donner des conseils de shopping. C'est le gai que l'hétéro de base de *Queer Eye for a Straight Guy* consulte pour séduire. Te dire comme l'hétéro ne sait plus rien quand il s'extirpe de son garage.

Puis, on isole l'homme en crise, généralement entre 35 et 45 ans, parfois enragé et engagé dans Fathers4Justice ou simplement adolescent attardé. Pense aux gars d'*Horloge biologique* et tu auras déjà un portrait assez fidèle de la situation. Et finalement, voici le néomacho, que tu connais jusque dans le fond de son tiroir à bobettes, mais il paraît que tu n'en portes pas. *Oh ! what fun it is to ride in a one-horse open sleigh !* Hey !

Les hommes sont présentement en chantier dans toutes les sphères de leur vie, y intégrant du féminin, le soin des enfants, les crèmes, les thérapies. Tu remarqueras que je n'ai pas écrit le mot « féministe » une seule fois dans cette lettre. Plus d'égalité ne veut pas dire moins de virilité. Féministes ou non, on vous aimait droits, loyaux, combatifs, responsables et courageux. Rien à voir avec les muscles ou ton répertoire de sacres ; c'est plutôt une posture intérieure.

Et tu peux cracher ta gomme à mâcher, mon homme : pour la posture, c'est du chiqué.

Joblo

# Lettre à PKP

## D'UNE PIGISTE À UN MAGNAT

---

« Les pensées de la classe dominante sont aussi, à toutes les époques, les pensées dominantes. »
   Karl Marx, *L'idéologie allemande*

Salut Pierre Karl,

Il semble que tes affaires vont bien. Si je te disais que je te regarde aller depuis 30 ans sans t'envier, me croirais-tu ? Croirais-tu également que je n'ai jamais tenu une convention collective entre mes mains ? Que je ne sais pas à quoi ressemble une assemblée syndicale ? Que je n'ai pas de contrat avec *Le Devoir* depuis plus d'un quart de siècle, hormis celui de ne pas être en conflit d'intérêts, un bout de papier qu'on fait signer à tous les collaborateurs annuellement. On exige davantage des journalistes que des politiciens, je sais, mais au moins, on se couche avec la conscience nette le soir.

La semaine dernière, lorsque tes employés du *Journal de Montréal* ont refusé ton « offre », j'ai été sincèrement contente pour eux. Quatre-vingt-neuf pour cent qui se tiennent debout après 20 mois dans la rue, ce n'est pas une peccadille, même si j'y connais rien en salle « chauffée » par la CSN. Faut dire que tu ne leur donnais pas tellement de choix : fermer *Rue Frontenac* (et leur gueule), ne pas travailler chez le concurrent (sauf *Le Devoir*, qui compte pour des prunes), on peut dire que tu fais du grand ménage, même sous le tapis.

C'est drôle, j'ai repensé à l'époque où on fréquentait la même fille, Marie-France, ma meilleure amie. Elle nous avait tous engagés au Big Boy, un fast-food à deux portes du Café Campus où on allait terminer nos soirées ; toi, plongeur, moi, serveuse. On étudiait tous au même cégep. Et on faisait semblant de ne pas savoir que tu t'appelais Péladeau en t'apportant les bacs de vaisselle sale. Tu reniais ton héritage pour comprendre la vie. Je trouvais ça louable même si personne n'était dupe.

Quelques années plus tard, je crois que tu étudiais en philo à l'UQAM, tu es venu me parler de marxisme au bout du bar où je servais des bières, au Faubourg Saint-Denis. Puis, plus tard, encore, en costard, lors de tes études à Paris, tu avais monté ma valise dans une chambre de bonne où je débarquais pour quelques jours, rue Saint-André-des-Arts. Toujours galant, beau gosse, on sentait que le vent avait tourné depuis tes dernières chemises à carreaux. Tu étais devenu un jeune homme promis à un brillant avenir.

## GLORIFIED EDUCATED SLAVES

De mon côté, je suis demeurée pigiste, libre penseuse mais surtout libre. Et quand je regarde comment se sont désillusionnés les syndiqués dans les médias, je ne regrette pas mon choix. Mes attentes n'ont jamais été très élevées, ça évite de tomber de trop haut. Et vu le marché actuel de la presse écrite, pigiste ou syndiqué, c'est blanc bonnet, bonnet blanc.

Mine de rien, en 27 ans, je me suis fait pousser des couilles en acier à force de négocier avec des patrons de ton espèce.

J'en ai vu de toutes les pointures, en télé surtout, des producteurs qui marchent au cash et vous pressent le citron jusqu'au zeste avant de vous jeter comme une marchandise avariée. La négociation est encore une affaire d'hommes, le milieu des médias, un monde de machos. Je n'ai jamais pleuré devant eux.

Mais je me rappelle aussi de vrais mecs en jupes. Une boss que j'aimais bien et à qui je racontais que je m'étais acheté un (petit) chalet m'avait balancé : « C'est rendu que les pigistes ont les moyens de s'acheter un chalet ! » Fin de la citation.

Ce jour-là, j'ai compris que les pigistes avaient une utilité : celle de donner à certains patrons l'illusion de jouir du pouvoir. L'être humain ne se contente pas de ce qu'il a, il en veut davantage que son prochain. Ce n'est pas de Marx. Mais celle-ci, oui : « Ce qui distingue principalement l'ère nouvelle de l'ère ancienne, c'est que le fouet commence à se croire génial. »

Tu avais l'air surpris d'apprendre que je vivais encore dans la précarité (tes mots), lorsque je t'ai croisé cette semaine au lancement du livre sur *Le Devoir*, publié par Québecor. Je loge toujours en appartement et j'y travaille aussi. Je n'ai pas de sécurité d'emploi, pas d'assurance collective, de congés payés, d'assurance salaire et de congés de maladie. Le rêve de tout employeur en 2010, quoi.

Et je ne fais pas pitié, même si Michel Chartrand nous surnommait les « *glorified educated slaves* ». Les pigistes, c'était le grain de sable dans l'engrenage du syndicalisme, des électrons libres, des individualistes qui ne descendent jamais manifester dans la rue pour crier so-so-so. Le mot « pigiste » est souvent synonyme de « sans talent » chez les patrons de journaux. Le mot « syndiqué » aussi, parfois...

Malgré tout, je suis demeurée journaliste indépendante qui bosse pour un des rares journaux indépendants de la planète média. Si je travaille encore pour *Le Devoir* après autant d'années, si j'ai refusé plusieurs offres lucratives pour y rester, c'est aussi parce qu'il y a un sens à mon travail, un sens à cette entreprise journalistique qui correspond à l'idéal que je m'en fais.

## FABRIQUER DE LA SAUCISSE

Je n'ai jamais eu l'impression de me trahir dans ce canard.

Nous fabriquons peut-être de la saucisse, mais elle est artisanale et nous ne saignons pas les cochons en vain. « Le commerce de l'information ne se résume pas à la recherche de rentabilité et de profitabilité. Les médias assument une mission sociale de première importance, soit d'éclairer les citoyens sur les grands enjeux de société », ai-je lu dans un communiqué de la Fédération professionnelle des journalistes du Québec dernièrement. À l'heure où la plupart des gens s'informent avec des manchettes de « gratuits » dans le métro, c'est certainement pétri d'illusions, mais j'adhère à ça.

En fait, si *Le Devoir* célèbre son centenaire cette année, c'est probablement parce que la qualité était au rendez-vous tout du long et que beaucoup d'artisans n'ont pas trop compté, ni leur temps, ni leurs sous. C'est aussi parce que ce journal a des « amis », dont feu ton père et toi faites partie.

Tu vas rire, mais le seul article qu'on m'ait censuré en 27 ans portait sur la merde et, comble de malheur, il était prévu un Vendredi saint. J'avais poussé le bouchon un peu loin, mais je n'en veux à personne, on m'a même payé mon texte rubis sur l'ongle. Fin de l'histoire. Eh non, *Le Devoir* n'est pas un journal constipé.

Cette semaine, je t'ai retrouvé, toujours batailleur, charmeur aussi. Tu m'as fait penser à mon père qui, chaque matin, partait faire la guerre avec le sourire aux lèvres. Je reconnais cette énergie. Je t'ai dit que je ne voudrais rien savoir de ta vie avec des ennemis (concurrents) à la pelle, des griefs, des employés qui se lèvent la nuit pour écrire sur Facebook « Je déteste Pierre Karl Péladeau ». De quoi virer parano. Moi, mes lecteurs m'écrivent des lettres bourrées de tendresse en cachette, parce que la tendresse, ça fait un peu nono de nos jours.

Je sais, tu es blindé contre tout, peut-être contre la tendresse aussi, mais je t'ai demandé pourquoi tu faisais tout ça – une sale posture que la tienne, entre toi et moi. Tu m'as répondu que tu voulais changer le Québec, aider « ton pays » (mes mots).

Ton père avait cette expression savoureuse que j'utilise parfois : « Je ne sais pas pourquoi il m'haït, je ne lui ai jamais rendu service. »

Toi, au moins, tu peux te vanter de savoir pourquoi ils t'haïssent.

Josée

# 3

# UN PEU BARGE

# L'homme est un fou pour l'homme

«L'unique différence entre un fou et moi, c'est que moi je ne suis pas fou.»
   Salvador Dali

Il y a trois choses qui ont failli me rendre folle tout au long de ma vie : les hommes, les hormones et, plus récemment, les poux. J'ajouterais aussi les fous. C'est contagieux, les fous. On sous-estime énormément le pouvoir de contamination d'un plus fêlé que soi. Bipolaires en liberté, borderlines, troubles anxieux, déprimés chics, pervers narcissiques, schizophrènes divertissants, psychopathes élus, jusqu'au-boutistes du dernier mot, passifs-agressifs bobo-marxistes, caractériels de l'industrie du cirque ordinaire, TDAH avec ou sans H, ego surdimensionnés des néons ou de la téléréalité, maniaques sans frontière, j'ai tout vu.

J'ai côtoyé assez de fous pour qu'on me demande pourquoi je n'ai pas fait psychiatrie. Mon défunt père médecin plaisantait en disant que le premier patient d'un psychiatre, c'était lui-même. J'aurais pu prescrire des bonbons, des placebos ou des antidépresseurs à la volée. N'allez pas croire, tous les psychiatres ne sont pas des distributrices à Smarties (ou des fous) – j'en connais qui s'y opposent assez fermement sauf cas de force majeure –, mais l'industrie de la camisole chimique ou de la nanane de la béatitude s'avère aussi florissante que votre parterre de crocus.

Des chiffres ? Ils sont tirés de *Tous fous* ?, l'excellent essai du prof de philo à la retraite Jean-Claude St-Onge sur l'influence de l'industrie pharmaceutique sur la psychiatrie. Le Québec prescrit le tiers des antidépresseurs au Canada pour 23 % de la population. En 20 ans, la consommation a augmenté de 400 % et ce sont les femmes (2,5 fois plus) qui sont les meilleurs clients, une sur quatre

*Les femmes sont peut-être folles parce qu'elles tentent de «mettre au monde» dans un monde qui se démet?*

d'âge moyen. Il semble qu'il soit plus facile d'être folle que fou. À moins que les femmes ne soient tout simplement plus réalistes.

Une amie qui bataillait ferme avec la boule d'angoisse la tenaillant depuis des mois s'est fait prescrire des anxiolytiques par sa généraliste en quelques minutes. Résultat : trois mois sans dormir, aucune amélioration (évidemment, quand on ne dort pas) et le sevrage du médicament est long. On n'arrête pas la drogue comme on veut. Pour le même problème, et après avoir potassé dans quelques bouquins spécialisés dans les troubles de l'humeur féminine (lire : hormonaux), je me suis débarrassée de la boule en question à l'aide d'un complexe de vitamine B acheté en grande surface. C'était même écrit « Calme » sur le flacon. À la portée de la première névrosée qui sait lire.

Du jour au lendemain, deux gélules roses, une génuflexion et un « Notre père Lacroix » : partie l'anxiété. Je n'oserais conseiller aux médecins de faire pousser de la valériane sur le toit vert de leur clinique, mais y a des ordonnances qui gagneraient à être soupesées. Les femmes sont peut-être folles d'être si peu étudiées. Ou écoutées. Ou soutenues.

## PARANOS NORMAUX

Au rythme où les bombes explosent et où les attentats terroristes sont déjoués, nous risquons tous de succomber à la paranoïa normale du citoyen fataliste, civils civilisés rongés par l'anxiété. L'âge de la tranquillité est terminé. Gelés par une pharmacopée bien chimique, nous supporterons mieux la perspective de terminer cul-de-jatte au dernier kilomètre. Et notre horreur de la cruauté doublée d'une once de folie (le fou se prend souvent pour Dieu) n'a d'égale que la possibilité que nous joignions les rangs des déjantés nous aussi. On a tous une craque qui pourrait devenir un nid-de-poule printanier.

Un psychanalyste me confiait récemment que nous hébergeons tous un « Guy Turcotte » au fond de nous. Il suffit de réunir les circonstances « favorables » pour le réveiller. Je ne suis pas sûre d'y croire ; ça vaut mieux pour ma santé mentale.

« Comme d'autres avant lui, Freud considérait que personne n'est entièrement normal. C'est ainsi que nous serions tous habités par une pulsion de mort qui pousse l'humanité à s'entredéchirer », écrit St-Onge dans son essai lapidaire sur notre société dopée, « pusher » de médicaments produits par l'industrie pharmaceutique qui « invente » aussi des maladies, semble-t-il. Mais les profits, eux, ne s'inventent pas.

Même la timidité se soigne. Et le cas des enfants – cette nouvelle clientèle docile – est assez troublant pour ne pas faire frémir tous les parents. Les enseignants travaillent désormais main dans la main avec l'industrie pour dépister les cas de TDAH dans leurs rangs : 2,9 millions d'ordonnances pour cette maladie inespérée en 2009 au Canada, une augmentation de 55 % en 4 ans. Où en sommes-nous quatre ans plus tard ?

Et personne ne connaît les causes (génétiques, sociales, chimiques, environnementales ?) de la maladie mentale. On évalue les symptômes et on navigue à vue.

Il faut dire que la normalité est un concept assez nébuleux. Normal ou sous-produit de la tapisserie ? Normal ou tétanisé ? Si on estime que de 25 à 50 % des gens souffriront d'une « maladie » mentale au cours de leur existence, il faut se référer au *DSM-V*, la bible des symptômes en psychiatrie, attendu le mois prochain (et déjà très contesté), pour comprendre qu'à peu près tout le monde est éligible à un diagnostic si, après deux semaines de tristesse à la suite d'un deuil, on peut diagnostiquer une dépression...

## TOUS LE FOU DE QUELQU'UN

Le stress, la vie dans la voie rapide, nos modes d'échanges furieusement technologiques, la solitude, le bruit, le perfectionnisme doublé de performance, le flux continu d'informations, les cocktails chimiques auxquels nous sommes exposés et la crème glacée molle (!) conduisent probablement à des formes plus ou moins légères de maladie mentale.

Vendredi soir dernier, lors de la chasse à l'homme de Boston, j'étais assise devant CNN, seule dans une maison au sommet d'une montagne, ignorant un magnifique coucher de soleil mexicain. Je consultais fiévreusement Twitter (j'avais la fièvre, faut dire), plus rapide que son ombre, pour savoir où le FBI en était de son *24 heures chrono*. Réalité, téléréalité, j'étais prise au piège de la folie.

Et je me suis vue, gagnée par la frénésie. Celle qui fait augmenter les cotes d'écoute et les pulsations cardiaques. J'ai observé le jardinier Don José, à l'extérieur, arrosant les cactus en sifflant, donnant à manger au chat, tranquille. Et j'ai réalisé que j'alimentais moi-même ce délire collectif en étant absente à « la » réalité. J'ai fermé la télé et le iPad alors que se mouraient au loin les derniers éclats d'un astre impuissant à nous soulager. Si même le soleil est en burn-out...

# onvousauraprévenus.ca

## QUAND L'ALARMISME DEVIENT EXTRÊME SAGESSE

————————

« Je sais ce que je ferais si
l'on m'annonçait la fin du monde pour dans 10 minutes
Je sais ce que je ferais si
putain c'est pas long 10 minutes »
Cali, *La fin du monde pour dans 10 minutes*

Je regardais distraitement la pub durant *Sophie Paquin*. J'ai tout de suite       89
été alarmée par le ton calme qui tranchait avec l'hystérie habituelle : « Êtes-
vous préparés en cas d'urgence ? Avez-vous ce qu'il faut pour subvenir aux
besoins de votre famille durant 72 heures ? Visitez notre site preparez-vous.ca
et préparez-vous MAINTENANT. » Le message diffusé à une heure de grande
écoute à Radio-Canada est payé par la SPPCC, le ministère de la Sécurité
publique et de la Protection civile du Canada. Je suis allée visiter le site et je
n'ai pas dormi de la nuit.

Panique.ca, angoisse.com, toutestperduencebasmonde.nation.ca. Triste
constat : je suis prête pour Noël mais pas pour un iceberg sur mon balcon, ni
un blizzard dans mon salon. Nullement. Même ma lampe de poche est à plat,
fiston s'en est chargé. Quant aux réserves d'eau, de cash ou de piles, on n'en
parle même pas. Négligente, je suis. Coupable de non-assistance à personne
en danger.

Je n'ai jamais fréquenté les jeannettes et mon instinct de survie se limite
à vérifier s'il reste du chocolat dans la pharmacie, si j'ai suffisamment de
crème de nuit pour atténuer les soucis et en quoi consistent mes réserves de
patience. Basta.

J'ai appelé la SPPCC (1 800 O-CANADA) et parlé avec un représentant
chargé de calmer les médias une fois la population ameutée.

— Il y a une quarantaine de noms de groupes terroristes sur votre site, de al-Jihad aux Tigres libérateurs de l'Eelam tamoul. Est-ce qu'on devrait s'inquiéter ? Savez-vous des choses que nous ignorons ?, ai-je demandé en sachant que mes questions n'étaient pas dignes de remporter un prix Judith-Jasmin.

— Non, madame, il n'y a pas de raisons de paniquer. Mais tout peut arriver : des catastrophes naturelles, des accidents industriels, des virus informatiques, des actes terroristes. Ça dépend où vous habitez. C'est grand le Canada !

Euh, j'habite où, déjà ? Ah oui, une nation. Mais une nation qui ne veut pas se séparer. C'est inquiétant quand on sait ce que les États-Unis ont fait de la Nouvelle-Orléans. J'imagine qu'il ne faudra pas trop compter sur le ROC. J'envisage tout : tempête de verglas, éruption volcanique ou fièvre aphteuse saupoudrée de grippe aviaire. Même les entreprises funéraires ont un plan d'urgence !

Et le vôtre consiste à vous mettre les doigts dans le nez en attendant que Médecins sans frontières vous fasse parvenir une brosse à dents par Purolator dans un gymnase malodorant ? *Shame on you !*

### LA FIN DU MONDE EST À 7 HEURES

Citoyenne exemplaire (en quatre copies si vous voulez), j'ai imprimé la liste de la trousse d'urgence de preparez-vous.ca et suis partie à la conquête de Canadian Tire. J'en suis à plus de 350 $ de dépenses et je n'ai pas terminé. Tandis que vous arpentez les allées à la recherche des lumières de Noël extérieures les plus seyantes pour votre bungalow, j'achète du matériel de camping dont je n'ai aucune intention de me servir.

Je me prépare méticuleusement à un voyage que je ne veux pas faire. Je rassemble un assortiment d'artefacts qui fera sourciller les anthropologues chargés de nous étudier après la fin du monde. Le « mandaté-pour-calmer-les-foules » de 1 800 O-CANADA a été formel : nous vivons en plein déni et comptons sur les policiers, les pompiers et les hôpitaux pour nous sortir du pétrin. Nos arrière-grands-parents étaient plus autonomes et responsables que nous ; ils avaient un puits, un poêle à bois, un caveau, du lard salé, un bas de laine et un harmonica.

Préparer sa valise à roulettes d'urgence est tout un art, un proche parent de l'exercice de feu, qui en dit plus long sur vous que le foutoir de votre table de chevet. Après avoir acheté une radio à manivelle munie d'une sirène d'urgence, un poêle de camping, une lanterne à piles et une trousse de premiers soins, j'ai hésité entre le sifflet et la lampe frontale. J'ai pris les deux, même si la frontale décoiffe un brin. Et j'ai fait provision de sachets thermiques (pour se réchauffer les mains) en passant à La Cordée. J'ai même laissé une petite annonce sur le babillard : « Cherche gars de plein air, bien équipé, pour chaleur humaine et plus, si affinités. » Les gars de bois et de chasse sont toujours prêts, comme les scouts.

*Kit de survie urbaine en cas d'attaque des Tigres libérateurs de l'Eelam tamoul. Panique.ca et hystérique.com.*

Côté hygiène, je me suis munie de papier de toilette de camping (plus compact), de Purell, de lingettes humides, de Rescue (fleurs de Bach pour calmer les nerfs), de condoms (le sexe citoyen, ça consiste à ne pas multiplier ses problèmes) et d'antisudorifique. J'ai rassemblé un pot de beurre d'arachides, des barres énergétiques, du chocolat 76 % et au lait, du thé anglais en sachets (*need a cuppa, my dear ?*), deux lampes de poche supplémentaires, pêle-mêle. J'ai pensé aux gants de coton pour la grosse ouvrage (tasser des cadavres sur mon chemin) et aux mitaines sans doigts pour les travaux d'aiguille.

Je suis passée par la banque chercher de l'argent que j'ai caché dans un portefeuille résistant aux tsunamis, avec les allumettes, les bougies et les 25 sous pour le téléphone payant. J'ai planqué 12 litres d'eau près de la sécheuse (deux litres par jour par personne, pas une goutte de plus) et j'ai réalisé que tout ça manquait vachement de superflu.

## DÉTRESSE PSYCHOLOGIQUE

Parce que nous sommes humains, et donc pas toujours logiques, parce que je me suis rappelé Tom Hanks et son ballon de volley dans *Seul au monde*, j'ai aussi pensé à un petit chien en peluche pour mon B., au livre *La petite bibliothèque imaginaire* qui contient une vingtaine d'amorces d'histoires que vous complétez à votre gré. J'ai aussi ajouté deux livres de poche : les *Pensées* de l'empereur Marc Aurèle, un sage qui régnait un peu après J.-C. et vivait sûrement dans la simplicité volontaire sans le savoir, et *1, 2, 3... bonheur ! Le bonheur en littérature*. On y trouve des extraits de textes qui parlent du bonheur. La quatrième de couverture annonce : « Fatigué, déprimé ou un peu morose ? »

J'ai joint un petit cahier pour écrire, un crayon à la mine de plomb (la seule qui résiste à l'eau), un cahier de chant T-9 hérité de mon père, son couteau de chasse en corne de chevreuil pour me défendre.

Ah oui ! Et un p'tit « mickey » de brandy parce que j'ai vu Cate Blanchett se faire « réparer » par un vétérinaire berbère dans le film *Babel* et que ma pipe d'opium achetée au Cambodge est vraiment trop encombrante. Une amputation est si vite arrivée.

Malgré tout, je pressens au fond de moi qu'on a beau être prête à tout, il nous arrive toujours autre chose. La vie est une suite d'aventures palpitantes. Piles non comprises.

# La matante intérieure

« La femme parle toujours de son âge et ne le dit jamais. »
Jules Renard

J'ai encore vieilli d'un an et je viens de basculer officiellement dans l'âge de la matante, quelque part entre *Beautés désespérées* et Beauté d'un jour. Si j'étais un mononc, je m'achèterais une Mini Cooper décapotable, je ferais appel aux services d'une coach de vie pour me relooker le capot, je me procurerais un barbecue avec commande à distance, je me peignerais la calvitie en brosse avec beaucoup de gel, je draguerais des étudiantes très matures pour leur âge et je me paierais une crise existentielle carabinée en attendant le prochain départ pour le Laos ou le nirvana.

93

Pour respecter les prérogatives de mon sexe, je songe plutôt à m'inscrire à un atelier de scrapbooking (un croisement entre le bricolage, le ménage et le roman-photo maison), à joindre un club de quatre-roues avec des poignées chauffantes et à réserver mes billets tout de suite pour aller voir *Dracula*, une comédie musicale de Bruno Pelletier qui sera présentée en février 2006 au théâtre Saint-Denis.

J'attendais que mon sulfate de glucosamine dissous dans le Metamucil fasse effet lorsque Namour m'a fait remarquer que le petit mouchoir usé dans la manche de mon chandail suffisait à faire de moi la présidente du club de matantes de mon duplex, rhume carabiné ou non. Depuis cette remarque assassine de la juvénile moitié de mon couple, je consomme une quantité industrielle de kleenex, quitte à m'acheter un bonsaï pour sauver la planète.

Scusez du peu d'envergure mais la matante est souvent une spécialiste de l'anecdote. Elle s'attarde au détail qui tue. Fallait entendre Dominique Michel nous expliquer à l'émission *Tout le monde en parle* la gêne qu'elle a eue à aller cueillir son trophée au plus récent gala MetroStar à cause du morceau de noix du gâteau aux carottes qui était resté coincé dans son partiel. Extra-crémage, la matante.

## MA MATANTE À MOI

Je ne l'avouerais que sous la torture de mon acupuncteur chinois, mais je pleure en regardant *L'Auberge du chien noir*, je tripe sur Ricardo à la télé et je rêverais de l'avoir comme gendre pour être certaine de bien manger aux noces de mon fils. Je me matantifie un peu tous les jours et si j'avais des neveux zé nièces, j'en parlerais à qui veut bien l'entendre. Et même à qui ne veut pas. Beau temps, mauvais temps, je me tape des crises d'anxiété que les oméga-3 n'arrivent pas à étouffer dans le spore ; je me demande parfois si je ne retournerai pas aux études en esthétique. L'esthétique préoccupe beaucoup la matante. J'ai deux dermatos, un pour le corps et l'autre pour le ravalement de la façade supérieure. Mes amies matantes et moi nous échangeons les meilleures adresses de thanatologues en ville : un accident est si vite arrivé. En attendant ledit accident du destin, j'ai peur de tout ce qui roule plus vite que 15 km/h. Je viens de terminer le dernier *Reader's Digest* portant sur la route et ses dangers... à l'intérieur de l'auto ! Pauvre Namour, j'ai pas fini de l'enquiquiner. En plus d'attacher le bébé, il faut arrimer le bidon de lave-glace, le parapluie et la poussette.

Depuis que monsieur B. a 18 mois et de plus en plus de testostérone dans le programme d'animation, je suis devenue cardiaque ou quelque chose d'approchant. Le premier médecin que je croise, je lui montre c'est où et j'en profite pour me faire faire un examen complet. Le médecin est la cible préférée de la matante.

Cet été, je compte limiter mes activités à la redécoration de ma plate-bande de vivaces. Je songe aussi à me faire pousser une craque de seins. Et je me promets de ne plus parler de mes bobos, de mon âge et de mes régimes qui ne fonctionnent pas parce que je bouffe du chocolat en cachette. Même avec le sens de l'humour, certains sujets sont étiquetés « matante à l'heure du brunch ».

Récemment, j'ai appris que le sexe n'est pas une secte, alors je compte m'y mettre aussi, vu que ça ne fait de mal à personne. Et même si ça fait un petit peu mal, le résultat en vaut la peine, j'ai vu des photos. Tous les dermatos et les chiros devraient prescrire le sexe à leurs patientes, c'est bon pour le teint et la posture. Et ça se mélange tellement bien à la graine de lin !

## « CONTROL FREAK »

J'ai un collègue qui prétend que je suis une matante déjantée. La véritable matante, selon lui, ne fait pas que matcher ses souliers avec sa sacoche pour aller danser le tango, elle tente de tout contrôler, elle a des attitudes de maîtresse d'école et ne connaît qu'une ligne : la droite. « La matante est partout, elle n'a pas d'âge et on ne la trouve pas que dans les sous-sols d'église. Elle prolifère ! », m'a-t-il glissé, horrifié. À la tête d'un comité de défense des participes passés bien accordés, présidente d'une association de scrapbooking, porte-parole d'un réseau d'obsessifs-compulsifs anonymes, la matante est secondée par le règlement, accotée sur la loi et portée sur le bénévolat. Elle est inattaquable et inébranlable dans sa foi. « Il n'y a pas de sensualité chez la matante, aucune souplesse. Elle sait ce qui est bien et ce qui ne l'est pas ! », a ajouté mon collègue allergique, qui les repère à 10 kilos du bonheur.

Les matantes font la leçon, c'est incontournable, mais avant tout, elles s'appuient sur une définition de la rectitude politique que personne ne peut contester. Les matantes écrivent souvent aux chroniqueurs comme moi pour les sermonner. S'offusquant de tout, surtout du premier degré, elles collent des retenues. Si elles sont bien lunées – leur mansuétude est grande –, elles nous accordent le bénéfice du doute. La matante ne cherche pas à se rendre sympathique ; elle est une incarnation laïque de la bonne sœur mais sans le sacrifice qu'impose le port du voile. La matante est une protestante. Comme disait l'écrivain Christopher Morley, sa religion ne lui interdit pas le péché, simplement d'y prendre plaisir !

Namour me taquine depuis lulure avec la photo de moi qui décore cette page. « T'as tellement l'air matante ! Ton veston sort tout droit de l'émission *Du tac au tac.* » Il n'est pas le seul ; jusqu'à un animateur de radio qui s'en est plaint en ondes, et Jeff Filion ne lit pas *Le Devoir*. Un charmant lecteur andropausé m'a lancé il y a peu : « T'as l'air d'une postménopausée qui essaie d'être gentille », pour tenter de me convaincre de changer cette photo que la gent masculine réprouve unanimement. Photoshop a été inventé pour avantager les matantes. La robe de Lucie Laurier au dernier gala des Jutra, ça vous va et vous pensez à quelque chose de plus explicitement désespéré ?

# Pas ce soir, chéri(e), j'ai mal à la libido

## RÉVOLUTION ASEXUELLE DANS LES CHAUMIÈRES

———————

«Sexuellement, c'est-à-dire avec mon âme.»
Boris Vian, *L'herbe rouge*

On en parle beaucoup mais si je me fie à ce que je vois, on le fait de moins en moins. On en rêve secrètement, chacun dans son coin, et ça fait coin-coin. C'est bien assez difficile de ne pas le faire sans avoir à s'en vanter. Alors, on fait comme si, comme ça, un peu couci-couça. Qui a envie d'admettre qu'il n'est pas «matière» à forniquer, chair à fantasme, à provoquer un peu de moiteur? Je ne vous le demande pas, je devine la réponse. Comme l'a écrit Michel Houellebecq : «La valeur d'un être humain se mesure aujourd'hui par son efficacité économique et son potentiel érotique.»

En tout cas, désolée, même sous la torture (sortez votre cuir et votre latex), je ne le dirais pas... Et je ne vous dis pas non plus avec qui je ne le fais pas. J'aime mieux attraper les morpions que d'avouer que c'est avec Jamil. Le problème, c'est qu'il ne s'en doute même pas. Connaît pas son malheur non plus. Je lui chante : «Johnny, tu n'es pas un ange.» Il claironne : «Maintenant, je pète au lit avec elle.» Notre intimité m'émeut, mais au rayon romantisme, on repassera. Du vent que tout ça.

Connaissez pas Jamil? Pourtant, je vous en ai déjà parlé. Une moitié de beur, l'autre de camembert. Ne manque que la baguette pour mettre en dessous mais avec Jamil, ce serait plutôt les baguettes en l'air. Et des miettes dans le lit.

Jamil, c'est aussi du miel de fleur d'oranger, un chanteur populaire qu'on ne connaît pas assez, qui s'étouffera rien qu'à l'idée de se retrouver dans un texte sur l'asexualité, parce que sa marque de commerce à lui, c'est la baise, la vraie, celle dont on se souvient et qui dérange les voisins. Voyez comme c'est mal foutu de A à Baize, la vie ! Parlez-en en bien, en mal, l'important, c'est qu'on le fasse.

Justement, on ne le fait plus. De qui je tiens ça ? Mais y a qu'à regarder ! Des statistiques ? Bof, tout le monde ment un peu. Je ne suis ni sociologue, ni sexologue, ni urologue, mais je sais compter. Quand tu élimines les «vieux» (z'irez écouter la chanson de Jamil sur le sujet), les qui-picolent-trop, les qui-prennent-des-antidépresseurs (très mauvais pour le swing dans le manche), les qui-vivent-seuls-avec-leurs-trois-chats, les qui-subissent-leur-couple-avec-leurs-trois-enfants, les qui-se-blairent-plus et les qui-ne-se-lavent-plus-ou-se-lavent-trop, les cardiaques, les impuissants, les perdants à la loterie de la chance, les qui-n'ont-pas-le-temps, les qui-préfèrent-le-spinning, les qui-s'en-privent-pour-en-redécouvrir-le-goût, les culs en toupie avec le cœur en charpie, les non-cohabitants, les moines, les prudes et les cathos de True Love Waits, bref, tous ceux qui font carrière en abstinence, ça fait beaucoup de frigides solitaires qui luttent contre le réchauffement planétaire. Après avoir fait le décompte de tous ces mal-baisés, il ne reste plus grand monde pour se sacrifier en tandem sur l'autel du plaisir.

Voyez comme je «n'inventaire» rien. Je me disais aussi que vous comprendriez et que la Saint-Valentin, c'est déjà loin, poil aux mains.

### SEX IS OVERATED

La promiscuité n'aide pas. La solitude nuit, surtout la nuit. Entre les deux, on s'ennuie.

Mais de quoi ? De ce frotti-frotta, de ce trois minutes top chrono qui donne chaud dans le dos. Trois minutes, c'est une moyenne, scientifique, mesurée, donc reproductible. On y revient toujours à la reproduction ! Je le tiens de l'essai *La révolution asexuelle. Ne pas faire l'amour, un nouveau phénomène de société*, de Jean-Philippe de Tonnac. Sublime comme bouquin, surtout pour meubler vos insomnies solitaires. Un véritable doigt d'honneur à notre société qui abuse du sexe et nous en désabuse. Je sais, j'ai déjà péché, mais j'étais jeune et inconsciente du danger.

Tiens, on a calculé («on», c'est un certain biologiste anglais, spécialiste de l'évolution à l'Université de Manchester) que les hommes et les femmes, qu'ils habitent dans une grotte du désert du Kalahari ou une maison cossue de cadre supérieur de Westmount, auront des relations sexuelles avec pénétration environ deux ou trois mille fois durant leur vie. Pour Westmount, vous pouvez diviser par deux, à cause de la résidence secondaire : «Si vous multipliez trois mille [hypothèse haute] par trois minutes, cela vous donne neuf mille minutes consacrées à la chose, autrement dit cent cinquante heures et donc six jours et vingt-cinq minutes sur le total d'une vie. Qu'est-ce qu'un dieu qu'on honorerait 6,25 jours sur 29 200 [soit une vie longue de quatre-vingts ans]? Une religion de l'indifférence», écrit de Tonnac.

Tout ça pour ça... Finalement, même pas une semaine d'amour, de passion et de frisson, quand les trois sont au rendez-vous, et c'est plutôt rare.

Dieu s'est reposé le septième jour. Faites comme lui.

## NON-LIBIDOÏSTE, HYPOSEXUEL OU ASEXUEL?

«Pas de citoyen respectable sans un casier sexuel bien rempli et une faim affichée. Mais puisque, par un hasard malheureux, nous nous retrouvons avec la libido dans les talons, au moment précisément où nous aurions pu en profiter, nous voilà condamnés à surjouer et à faire semblant», écrit encore l'essayiste, émerveillé par notre civilisation qui a débarrassé le sexe de ses voiles et tabous, tout en nous en désintéressant, justement. Trop de spectacle, d'images crues, en haute définition. Finalement, si tout est bon à manger dans le cochon, tout n'est peut-être pas bon à montrer.

Et comme la misère apprécie la compagnie, les asexués ont désormais leur association. Ils partouzent dans les «cuddle parties» (www.cuddleparty.com), s'échangent des bisous virtuels sur le site d'AVEN (Asexual Visibility and Education Network). L'asexuel est défini comme une personne qui n'expérimente pas l'attraction sexuelle. Grand bien leur fasse. L'hormone mène le monde et, dans leur cas, elle semble faire défaut. «Comme Andy Warhol, prophète en son pays, ils répètent que le sexe est *the biggest nothing in all the times*», rappelle l'auteur de *La révolution asexuelle*. Aucun mérite à conserver sa virginité dans pareil cas, mais ils ont celui de s'affranchir du bien-baisant, tout aussi enquiquineur que le bien-pensant. Plus de devoir conjugal pour eux. On conjugue le verbe baiser au passé simple, beaucoup moins compliqué que le présent et moins compromettant que le futur.

Quant à mon futur, justement, à défaut de me mettre (en ménage) avec Jamil, je crois que je vais me mettre au tricot. Au moins, ça tient chaud.

*Jamil ? Pitié pour les femmes ! Je l'ai déjà traité de parcosexuel... j'ai oublié pourquoi.*

# L'âge des nini

«La vieillesse, c'est quand on commence à se dire : "Jamais je ne me suis senti aussi jeune."»
  Jules Renard

Je ne suis plus une oie blanche, j'ai franchi l'âge des certitudes, j'aborde le cap des « nini », un âge critique pour une femme, dès le sommet de la quarantaine. C'est le moment charnière où elle décide quel genre de vieille elle fera. Assumée ou embaumée ? Amère ou émerveillée ? « Les hommes vieillissent toujours mal quand ils restent jeunes », écrivait Romain Gary. Le concept s'applique aux femmes également ; apprendre à vieillir est un art, l'élégance des douleurs qu'on choisit d'estomper (Lancôme ou Dior), de trafiquer (bistouri ou laser), de noyer (grappa ou larmes) ou d'oublier (Rép. dom. ou l'Alzheimer).

Je ne suis ni vieille, ni jeune. Ni sage, ni folle. Ni ménopausée, ni pausée. Ni éclatante, ni moche. Ni cynique, ni naïve. Ni pudique, ni vulgaire. Ni bandante, ni repoussante. Ni liftée, ni lisse. Ni ferme, ni molle. Ni sportive, ni oisive. Ni prospère, ni cassée. Ni poupoune, ni matante. Ni moumoune, ni courageuse. Ni optimiste, ni pessimiste. Ni dangereuse, ni inoffensive. Ni tout à fait myope, ni tout à fait presbyte. Ni désabusée, ni abusée. Ni sainte, ni touche. Ni reposée, ni reposante. Ni joyeuse, ni triste. Ni forte, ni fragile. Ni à prendre, ni à jeter. Voilà pour la valse des nini.

J'ai atteint l'âge où les questions sont nombreuses, les réponses incertaines, le grand cirque ordinaire de la vie moins enivrant, on met Paris en bouteille plus souvent (avec des « si » et des « mais »), quitte à voir le fond parfois. Les grandes crises sont plus inquiétantes, fragilisation du corps et des tripes confondus, il reste à faire semblant, s'oublier dans le tourbillon des affairements ou s'asseoir devant le miroir des quatre vérités et s'en expliquer franchement.

C'est ce que fait Marie Pittalis dans son livre *Je suis vieille... et j'aime ça !* Pas de complaisance pour cette sexagénaire qui aborde l'âge où les femmes disparaissent dans le regard de l'autre. Si elles ont la chance ou le courage de savoir qui elles sont, elles finissent par se choisir elles-mêmes. Je ne suis pas une sexa, loin s'en faut (encore que, les années déboulent de plus en plus vite), mais j'apprécie beaucoup les conseils de ces mentors féminins, amies ou écrivaines, qui vous indiquent le chemin le plus serein à emprunter, celui de l'être, forcément.

Devant la couverture du livre de Marie Pittalis, mon B. s'est exclamé : « Elle est vieille ! Son cou est plein de racines. Yark ! Elle est toute racillée ! » Un jour, je serai « racillée » moi aussi avec mon cou de poulet et il trouvera ça beau. Parce qu'il m'aime. Et parce qu'il ne verra pas que ça. Mais comme il ne connaît pas la femme de la couverture du livre, il ne la « voit » pas. C'est horrible d'être enfermé dans son âge, d'aboutir au royaume des non-voyants pour cause de flétrissement aviaire.

« C'est le regard des autres, et leur appréciation, explicite ou implicite, qui nous renseigne sur notre âge. Or l'une et l'autre sont tributaires de représentations dictées par l'esprit du temps », écrit cette retraitée ravie, qui estime que ce deuxième âge est celui de toutes les libertés.

Encore faut-il être capable de faire fi des modes, survivre au jeunisme ambiant. Car le recours à la chirurgie est un mensonge face à soi d'abord (et à la caméra ensuite). On ne trompe personne. On crie plutôt à la face du monde : « Voyez, j'ai enfilé mon masque. Et je refuse que vous me cantonniez dans mes rides, mes hormones, mes mitochondries et mes gérontogènes. »

Récemment, au Mexique, dans une petite ville assiégée par les Américaines retraitées qui vont s'y faire lifter en pesos, je pouvais reconnaître de dos qui l'était ou ne l'était pas. Et chaque fois, c'était pour réprimer un frisson devant ces femmes fantômes, la face imprimée comme sur un billet de banque. Qui trompe-t-on ? Pas la mort, en tout cas. On ne se décompose jamais que de l'intérieur. « La vieillesse est un naufrage ? Tout dépend de qui est à la barre », balance l'auteure de *Je suis vieille... et j'aime ça !*

## FAIRE TAPISSERIE

Je sais maintenant ce que c'est que de faire tapisserie dans les salles de danse où personne ne vous remarque, ni ne vous invite. J'ai atteint l'âge où l'on ne doit jamais s'asseoir à côté d'une vamp de 20 ans, au risque d'être une figurante dans un mauvais film d'amour. Au mieux, c'est toi qui tendras les kleenex et le poudrier à la jeune première éplorée devant la goujaterie des hommes qu'elle ne soupçonnait pas si primaires et, pour tout dire, in-fré-quen-ta-bles.

«Il fait bon vieillir. Être jeune, c'est tuant.»

Hjalmar Söderberg

La semaine dernière, j'ai eu le malheur de sortir avec une petite jeunesse de 25 ans qui n'est déjà plus une oie blanche. Si jeune et elle a perdu quelques-unes de ses plumes. Quel massacre.

Un mec a failli me passer sur le corps pour qu'on la lui présente. Mais c'est moi qui l'ai invitée à danser. Ça t'apprendra, tarla.

Mon ex-partenaire de tango et grand ami Denis, désormais réfugié au Brésil, refusait de faire danser les femmes de l'âge des nini. Je l'engueulais comme le poisson pourri qu'il était. « Blanchette ! Faire danser des "matantes", jamais ! Je ne veux pas avoir l'air désespéré. Une "vraie" vieille, au moins, tu gagnes des points, c'est du bénévolat. » Je m'ennuie souvent de Denis. Je dois bien être la seule...

Faire face à son passé, l'oublier aussi, fait partie de l'état de grâce du vieillissement. Narguer les autres est un luxe qu'on peut s'offrir à tout âge, mais s'affranchir partiellement ou complètement de leur regard est un travail qui s'avère plus facile avec l'âge des nini.

Avant, ce sont eux qui nous conditionnaient. Aujourd'hui, demain peut-être, on décide que c'est f-i-fi-n-i-ni-nini.

# Madame Baboune

JUSQU'OÙ HAÏR ?

---

« La rancune est une espèce de fidélité empoisonnée où l'offensé noue des liens indissolubles avec l'offense et l'offenseur. Et quand elle cesse d'être une passion, elle devient une habitude et un devoir : exactement comme le mariage. »
Gustave Thibon

Samedi dernier, Namour m'a demandé un lift pour aller retrouver ses collègues de *La Presse* avec qui il projetait d'aller « rouler » au Vermont.

— OK. Je te laisse où ?

— Chez Foglia, à Frelighsburg...

Namour a attendu ma réponse avec un demi-sourire, en sachant pertinemment qu'il me tendait un piège. J'évite son monsieur Foglia comme la grippe aviaire. J'ai la brouille rancunière. Ça fait 18 ans que je maintiens le cap sereinement. Namour n'était presque pas né quand ça s'est passé...

— Tu ne vas quand même pas me débarquer deux coins de rue plus loin avec mon vélo ?, insiste-t-il. Viens avec monsieur B. dire bonjour et tu repars tout de suite.

J'ai déjà mentionné ici que Namour est un pot de vaseline sur deux pattes. Plus charmant, je n'ai connu que Michaëlle Jean.

J'ai appelé ma copine Anne pour qu'elle me lise des passages de *L'art de la guerre* du sage chinois Sun Tzu. Jean Charest a raison, c'est le meilleur livre de stratégie écrit depuis le V$^e$ siècle avant J.-C. J'ai finalement décidé d'enterrer la grippe aviaire et de me rendre sur le territoire de l'ennemi sans faire appel à l'armée chinoise. Je suis susceptible et orgueilleuse comme un chat (mon signe chinois), j'ai une mémoire de cheval (lequel peut vous ruer des années après l'offense), mais j'aspire à davantage de paix dans le monde. En témoigne ce vieux proverbe chinois affiché sur le mur de mon bureau : «S'il y a de la vertu dans le cœur, il y aura de la beauté dans le caractère. S'il y a de la beauté dans le caractère, il y aura de l'harmonie dans la maison. S'il y a de l'harmonie dans la maison, il y aura de l'ordre dans la nation. Quand il y aura de l'ordre dans chaque nation, il y aura la paix dans le monde.» Sun Tzu aurait approuvé, même si c'est d'une évidence à faire pleurer un oignon.

## HAÏR COMME ON AIME

Je vieillis. Pas parce que je ramollis. Non, plutôt parce que la liste de mes haïssances s'allonge d'année en année. Je ne voyage plus léger. Toutes sortes de fantômes hantent mon placard. Il y a ceux et celles que j'haïs parce qu'ils ont déclenché les hostilités, ils se reconnaîtront. Et il y a ceux que j'haïs pour le simple plaisir de les détester, de pauvres hères qui ne m'ont jamais fait «Bouh». Mon bouc émissaire du moment? Pauline Marois que j'ai surnommée la Castafiore il y a déjà longtemps, et qui n'est pas moins haïssable habillée en veuve portugaise.

Haïr pour haïr, je connais. J'ai des lecteurs qui me dévorent religieusement simplement pour mettre la chaudière à vapeur en marche. Ça fait sortir le méchant et on se sent curieusement en vie. On sous-estime le courroux et la mauvaise foi comme carburants alternatifs au pétrole.

Je suis beaucoup plus drôle et fougueuse quand j'haïs que mue par l'indifférence. Mais haïr est une chose, la rancune en est une autre. Ce cancer peut créer des métastases partout, vous bouffer le bon comme le mauvais, le gras et le maigre.

Dans ma famille, la rancune est patrilinéaire. Six pouces sous terre dans son urne, je suis certaine que feu mon papa haït toujours Gilles Proulx qui l'a déjà sali à la radio. J'hésite à reprendre le flambeau. Est-ce que la rancune est un legs obligé? Après tout, je ne suis pas Palestinienne, je n'ai jamais été violée sans mon consentement et Gilles Proulx a été largement puni par l'Histoire. Next.

La semaine dernière, j'ai croisé deux fois l'animatrice et ex-mannequin Dominique Bertrand. Nous avons déjà été en chicane, mais la vie nous a aussi faites voisines. Dominique m'a reparlé comme si de rien n'était et je lui ai même présenté mon B. qui fréquente la garderie devant chez elle. On ne peut pas haïr ses voisins, c'est vraiment trop cliché et l'expérience nous indique que ça s'avère risqué sur le plan stratégique.

Pétrone, un ami de Néron, que l'historien Tacite surnommait l'«arbitre des élégances», ne disait-il pas au sujet de la rancune : «La neige séjourne longtemps sur les sols pierreux, mais disparaît vite sur les terres cultivées.»

Il en va des Grecs comme des Romains ; ils ont eu beau inventer des dieux rancuniers comme Poséidon, ils ont également mis au point une coutume qui prescrit la durée des rancœurs, comme pour le veuvage. Trois ans jour pour jour, et on se reparle comme si on avait gardé les brebis ensemble. Pas d'excuses, nul atermoiement, on ne revient plus sur le sujet. Un Grec qui passe sa vie sur son île grecque ne peut pas se payer le luxe d'être en hostie avec ses compatriotes. Il y a des touristes pour ça et ils finissent par repartir !

Ça me rappelle que le défunt mari de ma copine Mimi, Gaëtan Labrèche, s'est déjà réconcilié avec André Montmorency qu'il avait recroisé à New York, en touriste. Les deux comédiens se sont jetés dans les bras l'un de l'autre et sont allés prendre un pot. Ils avaient oublié pourquoi ils s'haïssaient. Les cathos ont le pardon comme salut, les bouddhistes ont la compassion comme tremplin, mais tous les autres peuvent se rabattre sur l'Alzheimer.

L'oubli est salvateur. C'est ce que je me suis dit en revoyant monsieur Foglia nu-pieds dans son gazon. Ça m'a pris presque deux décennies pour ne plus ressentir de petit pincement vengeur. Je n'avais même plus envie de préparer cette fameuse recette de fricassée de schnolle que je tiens d'un boucher turc, lesquels n'ont pas la réputation d'être tendres avec leurs béliers. Il faut dire que mon collègue de *La Presse* a proféré des gentillesses à mon sujet sur les ondes de la Première Chaîne, pas plus tard que l'été qui vient de s'achever. Devant un Pierre Falardeau dubitatif, Foglia a décrété que je savais écrire. Falardeau m'évite depuis ce temps-là...

Finalement, ces réconciliations, ce « bonjour madame » plus drolatique que cérémonieux, revêtaient un charme champêtre et fleuraient bon le roman de Pagnol, juste avant la tournée de pastis. L'ennemi juré d'hier, beaucoup plus stratégique que moi, m'a achevée en prenant monsieur B. dans ses bras pour aller lui présenter ses chats, non sans l'avoir amadoué avec force crème caramel cuisinée par la fiancée. À deux ans, mon fils est une guidoune qui promet et il a renié mes vieilles hargnes comme j'ai enterré celles de mon père avec lui.

Allez, sa mère, la vie est courte et seule la crème caramel mérite d'être prise au sérieux ! Il a raison, il faut faire de la place aux plus jeunes. Next.

# La brûlure
# du feu sacré

## OU LA RÉSURRECTION DE LA PASSION

---

« J'en suis rendu à un point extrême de faim, de fatigue, de rêverie,
ivre d'un vide dont j'attends tout. »
  Philippe Léotard

De fougue, je brûle les planches, me consume allègrement. Je fais feu de tous les bois, même pourris. Mes braises ne sont jamais blasées. Longtemps, j'ai tenté de raisonner mes flambées, de souffler sur les étincelles, de cacher les tisons sous le tapis. C'était pire. Comme se forcer à sourire. La beauté des rides qui s'ajoutent consiste à accepter ce qu'on y a déposé tout au creux. Tant pis, j'aurai été passionnée jusqu'au dernier degré du thermostat. Je brûle la chandelle par les deux bouts, un peu pyromane, surtout quand je m'ennuie.

Je suis attirée par eux, eux attisés par moi. Les passionnés, les vrais, ont souvent moins de 10 ans... toute leur vie durant. Ils ne perdent jamais cet instinct vibrant du regard neuf, ce goût pour la première cerise une nuit de juin, pour la bouchée de pêche tiède un matin aoûté, ce désir ardent qui consiste à s'approprier le moment, une lumière, un mot, un instant, ce besoin d'avaler la beauté jusqu'à la douleur, l'indicible urgence, croire, espérer, secouer, ruer, crier, rire, pleurer, chanter, danser. Aimer aussi.

Non, les passionnés ne sont pas des voyageurs de commerce au motel Mon Repos. Ils ont d'autres qualités : amants clandestins, jouisseurs impénitents, impétueux, impulsifs, démesurés, attachants, insomniaques, colériques, jaloux, puisez tout votre saoul dans l'anarchie de leurs débordements, incapables qu'ils sont de seulement les cacher. De toute façon, la passion les rend généreux. « Quand y en n'aura plus, y en restera encore » leur tient lieu de devise, une

*La passion se chevauche, même sans cheval.*

épitaphe sur la pierre tombale de leur destin mouvant. Leur énergie est mise au service de la vie à son paroxysme, de la mort en filigrane.

Mon amie Clo, ardente Gaspésienne, une des femmes les plus passionnées que je connaisse, n'a pas de pitié pour les tièdes : « Le monde se laisse pas aller ! Sont plates comme les pierres. Les passionnés, c'est rare, pis c'est pas évident à vivre parce qu'on est à 150 milles à l'heure quand le trafic roule à 40. Moi, ça me tient en vie. Le jour où je perdrai ma passion, je meurs. » Vaut mieux se perdre dans sa passion que perdre sa passion, l'encouragerait saint Augustin.

La passion est une école de vie. Et l'amour en est l'université, le risque le moins calculé qui soit. Le passionné est un cancre en économie, il se donne sans compter : « Courir le risque d'être malheureux, c'est avoir confiance en un bonheur possible. Et cette confiance est aussi nécessaire à la vie que le fait de manger ou de respirer. Il faut donc prendre le trouble amoureux comme une chance, non comme une simple maladie de l'âme. Après, on a les sentiments, non pas que l'on mérite, mais qui nous ressemblent », écrit le philosophe André Guigot dans son passionnant essai *Petite philosophie de la passion amoureuse*.

Parfois, me croyant raisonnable (pire, adulte !), je me suis méfiée de la passion. *Passio*... « souffrir ». J'y voyais ma perte alors que mon salut me faisait signe. La passion est devenue mon projet existentiel, une sorte de philosophie de vivre ou de folie douce, en quelques rares occasions, mon mythe d'Icare. « Pour que l'amour passion ne soit pas une illusion d'amour, ajoute André Guigot, il faut que la philosophie s'en mêle, et c'est son rôle de se mêler de tout. »

Je suis tout emmêlée...

## AMOUR, PASSION ET FRISSON

Sur mon gâteau de mariage, jadis et naguère, nous avions fait inscrire ces trois mots : amour, passion et frisson. La passion est demeurée une religion. J'ai croisé mon divorcé la semaine dernière ; il m'a trouvée « belle ». Il aurait pu dire « passionnée », et c'est précisément ce feu sacré qui rend attirants les mortels que nous sommes. J'ai essayé les amours sages, je préfère les tatouages. Au moins, quand c'est terminé, on se rappelle pourquoi. La chair a une mémoire. L'encre aussi.

On m'a souvent jugée excessive, trop intense pour le sens commun. Soit. J'accepte de porter cette croix-là. Je ne plierai pas. J'ai même deux béquilles pour me soutenir dans la foulée. Mes élans ne seront plus jamais stratégiques, ni limités par un imaginaire boiteux. J'excéderai de vitesse sur l'autoroute du frémir et du désir. J'irai de l'avant, bras devant, et ne renierai aucun de mes penchants, de mes élans primesautiers.

La passion s'abreuve à toutes les fontaines et va cueillir l'eau de Pâques à l'aube : « Si quelqu'un me dit "J'ai soif !", je me vois mal lui répondre : "Franchement ! Tu as tort !" », dit encore le philosophe passionnel, pour souligner combien la passion passe pour fautive. On ne parle jamais des crimes d'indifférence, de frigidité ou de cécité sentimentale. Et pourtant, ils provoquent des décès eux aussi.

Il y a du génie chez le passionné, amoureux de tout. « L'amour ne dispense pas de l'originalité. Au contraire. Mais le regard du génie amoureux sur le monde peut être aussi génial dans le sens où il voit le divin partout. "Genius" : don de Dieu », peut-on lire encore dans *La petite philosophie* d'André Guigot.

Épris d'inconnu, le passionné rêve les yeux ouverts, à voix haute, affrontant ce que beaucoup de gens redoutent : sa propre chute et ses désillusions. « Allez, ma Blo, deux trois p'tites larmes, on s'essuie pis on recommence », me dit parfois ma Clo qui n'aime rien mieux que remettre le couvert et faire sauter les bouchons.

## DEUX POIDS, DEUX MESURES

La passion n'est pas contingentée, mais n'entre pas qui veut au département des miracles. Les femmes moins que les hommes, d'ailleurs. Culturellement, on nous préfère calquées sur le modèle de la Vierge, plus économiquement rentable. Et c'est le Christ qui a été porté en croix. « La femme apprend très tôt à attendre. L'homme à conquérir. Le contraire est d'ailleurs mal vu. On pardonne toutes ses folies à l'homme, la passion masculine attendrit, la passion féminine attire le doute, la condamnation. Lointain héritage du péché originel, la réduction du désir féminin à une fonction génitrice l'enferme dans un carcan. [...] La femme se sent souvent coupable de désirer. La société préfère croire à la sagesse féminine et à la bêtise masculine concernant la passion amoureuse », précise encore André Guigot.

Pour le passionné, tout est bon à carburer, diesel, hybride, Mazola, chocolat : « La passion rend vulnérable à toutes les émotions. N'importe quel événement peut prendre des dimensions extraordinaires. »

Le passionné n'est pas libre, mais le cynique l'est encore moins que lui. Le passionné est un impatient, car il sait combien la vie lui réserve de surprises dès lors qu'il la nargue, la mord jusqu'au sang, jusqu'au sens.

# Week-end patrimonial circa 70

## DES FRANÇAIS PARACHUTÉS EN PLEINE RÉVOLUTION TRANQUILLE

────────

« Think big, stie ! »
Elvis Gratton

Grâce à eux, je suis retombée en amour. Il était moins une. Vive la France !
Mais d'abord, il fallait se rendre, étant donné qu'on se rend toujours un peu
lorsqu'on choisit le chemin de l'amour. Et ça, vu la tempête qui s'est abattue
sur l'autoroute 10, ce n'était pas gagné d'avance.

Mes voisins français ont beau être installés au Québec depuis un an et demi,
Philippe n'a jamais conduit « sur » la neige d'une route de campagne où l'on
ne distingue ni ciel ni terre. Diane, elle, pas nerveuse, joue à « roche-papier-
ciseaux » avec monsieur B., à l'arrière de l'auto, tandis que je dirige les opérations
d'urgence : « Mets tes grosses ! – Les grosses quoi ? – Tes hautes !!! – Quelles
hautes ? J'ai pas l'option ! »

Maudits Français ! Toujours en train d'obstiner même à l'article de la mort.
Batinse ! Chez eux, ils disent des « veilleuses », des « codes » et des « phares », et
Philippe s'est exercé à la conduite extrême dans un parking verglacé de Paris.
Rien pour rassurer, surtout qu'il est de Montpellier.

Ce fut long, épique, énervant – Philippe a conduit d'une main en prenant
des photos du pare-brise de l'autre, pour montrer à ses parents ! –, mais nous
avons atteint mon chalet de Highwater dans les Cantons-de-l'Est. Je n'ai jamais
été aussi contente d'arriver dans une maison gelée avec un mulot mort dans la
cuisine pour nous accueillir.

Pour dire vrai, j'étais un peu intimidée à l'idée d'inviter mes Français au
chalet. J'essaie de le vendre sans succès depuis un an et l'agente d'immeuble me

casse les castagnettes pour que je peinture le revêtement en préfini typique des bungalows des années 60-70, que j'arrache le tapis caca d'oie, que je bazarde les Chesterfield fleuris et que j'extermine tout ce qui peut rappeler l'esthétique de l'Halloween et des belles années de la Révolution tranquille.

Deux agentes d'immeuble qui tripent sur le «home-staging» (le maquillage immobilier) et un an plus tard, j'ai fini par douter de mon penchant immodéré pour les bungalows, les camaïeux d'orange et brun, les panaches de chevreuils empaillés, les bouilloires gold, et pour mes banquettes amoureusement rembourrées avec un tissu hors de prix, choisi par mes soins, qui fait délicieusement seventies. Tous les goûts sont dans la nature et justement, nous y sommes : en pleine nature.

### AVOIR L'ATTITUDE PATRIMONIALE

Je m'attendais au pire, un regard poli, un coin de fesse déposé sur le bord du sofa ; j'ai plutôt droit à des sourires d'enfants ébahis qui débarquent sur le plateau d'un film de Pierre Falardeau. Faut dire que Diane est urbaniste et consultante en patrimoine – elle vient de terminer une recherche sur les croix de chemin québécoises –, alors que Philippe s'agite comme gestionnaire immobilier (il s'occupe du complexe Guy-Favreau), ancien agent d'immeuble en phase de rédemption. Ils ont des yeux pour ces choses-là.

«Wow! C'est hyperbranchouille sur Paris, ton chalet. À mon avis, ton agent a tout faux. Il reste très peu d'intérieurs conservés avec autant d'intégrité. Il ne faut pas toucher l'intérieur mais mieux cibler la clientèle, décrète Diane. Il faut aller du côté Village gai, Plateau, Outremont. Y a encore des gens qui apprécient l'authentique. J'ai l'impression d'être dans un décor de cinéma. Tu devrais le louer à des productions de films d'époque!» Avis aux stylistes qui font du repérage pour *Elvis Gratton V* ou *Crazy II*...

Selon Diane, qui a passé ses vacances d'enfance dans une bergerie retapée par ses parents dans les Pyrénées, le potentiel émotif d'un lieu capable de nous transporter dans le temps est très appréciable : «Le patrimonial, c'est pas seulement ce qui est centenaire, c'est ce qui permet de voyager dans le temps, même un voyage de 50 ans. Et les années 60-70, c'est vachement important pour le Québec. On est en pleine Révolution tranquille. C'est une sensibilité particulière à travers une esthétique beaucoup plus joyeuse que celle des années 2000. Les tissus chatoyants traduisent d'autres idéaux ; ce sont des couleurs qui donnent la pêche! La couleur, c'est l'émotion. On sent que la vie sociale était plus développée, plus dynamique, moins égocentrique. C'est l'époque des coops, des mouvements participatifs, de l'autogestion. On expérimentait des nouvelles formes d'être-ensemble!»

Je ne pensais pas avoir la fibre patrimonieuse tissée aussi serrée, mais selon ma spécialiste parisienne, je suis une «vraie», du genre qui remue tout le canton de Sutton pour trouver une toilette *avocado*. Tout pour échapper à l'ikéisation. «C'est du travail dans le sens du patrimoine historique que t'as fait; tu en as conservé l'intégrité formelle et stylistique», me conforte ma divine voisine. «Même monsieur B., il a une coupe Beatles. Il est parfait dans le chalet, ce gamin!»

Diane m'explique aussi ce qu'est le *genius loci*, l'esprit du lieu: «C'est un grand mythe en architecture. Chez les contextualistes ou les culturalistes, chaque lieu a son génie propre. Une œuvre architecturale réussie capte le génie du lieu. Et les gens qui y croient sont généralement portés sur le patrimonial. Si tu enclenches des rénos ou refait la déco, il faut que ce soit en fonction du *genius loci*! Si tu veux, on peut le faire classer ton chalet; après, t'auras droit aux subventions...»

J'adore l'esprit pratique de cette fille (elle est célibataire et cute, en passant! Et elle aime les enfants, les nains de jardin et les écureuils). C'est à travers les photos que Diane a prises, par son regard, que je suis retombée raide en amour avec mon chalet, les années de mon enfance, une certaine insouciance de vivre qui n'a plus cours. Même mes nains de jardin y sont pour quelque chose. Ce sont les *genius loci* extérieurs.

«Le grand dilemme des patrimonieux, poursuit ma Française, c'est: qu'est-ce que je garde? Et qu'est-ce qui se passe si je le jette? À quel sortilège je me jette en pâture?»

Il n'en fallait pas davantage pour me convaincre. Je ne peux plus vendre. Un taré pourrait en faire une «monster house» garnie de fauteuils en cuir capitonnés, équipée d'une soupe-Jacuzzi, et parfumer le tout avec des chandelles Air Wick fraise-kiwi. *God forbid,* mon *genius loci* ne s'en remettrait pas!

Je cherche plutôt des colocs (idéalement un ou deux couples gais – ils sont reconnus pour voir le beau côté des choses) pour bichonner un chalet patrimonial en garde partagée. Faites-moi une offre que je ne pourrai pas refuser... Ah oui, et pis si vous connaissez quelqu'un qui a des couvertures à gros carrés en phentex à jeter, je suis preneuse.

# Expérience chamanique sur le Plateau

EN FUMER DU BON AVEC LANGUIRAND

---

«Les drogues sont un défi pour l'esprit.»
Jim Morrison

L'Anglo, mon ex, est extatique; comme s'il avait bu un double Earl Grey: « *Djo, you've gotta try salvia*. Ça ouvre vraiment les portes de la perception, comme le LSD!» L'homme qui a fait plus de drogues quand il était jeune que Castaneda, Jim Morrison et Aldous Huxley réunis, se montre convaincant. Enfin, je saurai ce qu'il y a dans sa tête. Et le voyage ne dure que trois minutes, une descente en chute libre avec un parachute qui ne s'ouvre pas, ça sécurise la néophyte.

Je vous arrête tout de suite, ce voyage sur les ailes de Psychedelic Airways est aussi légal que le thé à la menthe. La *Salvia divinorum* fait partie de la famille des sauges ou de la menthe. On la vend quasiment au dépanneur au Canada, sous le nom de «sauge divinatoire» ou «menthe magique». Elle est interdite dans certains pays en voie de développement comme la Finlande, la Suède, le Danemark, l'Italie ou l'Australie, mais pour l'instant, tout baigne dans le plus meilleur pays du monde.

J'appelle illico mon ami Languirand, lui exposant le plan de match: il sera ma sage-femme, c'est un homme ouvert. Nous allons inhaler de la salvia ensemble et en parler après. Contrairement à lui, je n'ai jamais gobé d'acide ou expérimenté de mescaline. J'ai l'hymen en parfait état vu sous cet angle; même pas une petite ligne de coke ou de l'«ex» dans un rave. Rien, nada côté chimique. J'ai toujours eu peur de ressembler à un croisement entre Janis, Fiori et les sourcils de Jacques si j'en revenais.

## VOYAGE TRIPATIF

Poussés par la curiosité et la torpeur glaciaire de février, nous nous retrouvons au café Les Mentheurs* autour d'un houka (shisha, narguilé), attendant avec un brin d'anxiété les instructions de Mathieu Lipscomb, le jeune propriétaire de 34 ans de cet établissement ouvert depuis quatre semaines sur le Plateau-Mont-Royal.

« Je ne recommande pas la salvia », profère-t-il, à la fois pour couvrir ses fesses en cas de dérapage et pour nous faire réaliser qu'on ne va pas fumer du « pot un peu fort ». « C'est mille fois plus intense que le LSD. Tu passes instantanément dans un autre univers et tu peux être sous le choc durant deux ou trois jours. On ne peut pas associer le mot "plaisir" à la salvia. Il faut avoir la maturité pour l'expérimenter. Cinquante pour cent des gens traversent la ligne, quarante pour cent brisent les portes de la perception et dix pour cent ne ressentent presque rien. »

Nous sommes tous silencieux, quasi recueillis. Le fils de Jacques, Pascal, est avec nous, l'Anglo aussi. Jacques Nadeau et sa blonde Anik vont nous mitrailler avec leurs appareils photo le moment venu. J'ai l'impression que je vais faire l'amour pour la première fois devant témoins.

## UNE POFFE, C'EST BIEN ; DEUX, C'EST MIEUX

La salvia est utilisée depuis des centaines d'années au Mexique par les chamanes indiens mazatèques en tant que psychotrope qui permet de « voyager » et d'expérimenter des hallucinations, la distorsion du temps et la dissolution de l'ego. « Dommage qu'on ne puisse pas prendre de photos à l'intérieur de notre tête », constate Jacques Languirand. « Est-ce que je prends mes antipsychotiques avant ou après ? » demande à la blague son fils Pascal. Languirand ouvre sa braguette : « Pour libérer le diaphragme », me dit-il. Quel gourou, il pense à tout !

Soulevé sur ses pieds par une force supérieure, Jacques se met à gesticuler après avoir inspiré la fumée deux fois dans la pipe à eau, puis à balbutier des mots inintelligibles et à se prendre la tête entre les mains. Un court instant, j'ai peur de devoir annoncer à « madame Dumais », sa femme, que *Par quatre chemins* ne sera plus en ondes après 37 années d'existence...

En revenant parmi nous, après quelques minutes, Jacques s'explique et retrouve la parole : « Je ne peux pas imaginer une affaire de même. La pièce se refermait sur moi, comme si ça se pressait. C'est d'une grande beauté mais un peu inquiétant. J'ai pensé que je perdais connaissance. Je n'ai jamais rien vécu de tel ; c'est d'une grande délicatesse, comme de la soie. Il faut relire Rimbaud et Baudelaire en même temps. »

- - - - - - - - - -

* Le café Les Mentheurs a fermé ses portes quelques semaines après notre passage.

*Bad trip mémorable avec Languirand : voir le mensonge grâce à la sauge divinatoire.*

Imitant Languirand, je ne prends qu'une seule poffe de salvia avant d'être aspirée dans le grand vortex d'une réalité totalement étrange. Je n'ai plus conscience d'avoir fumé, ni d'être dans un café, ni d'entendre les Beatles chanter « *Because the world is round, it turns me on* ». Je ne vois plus les gens qui m'accompagnent mais je les perçois confusément et je panique à l'idée qu'ils s'aperçoivent que je ne suis plus dans la même réalité qu'eux.

Cette nouvelle réalité qui est la mienne est un espace intuitif extrêmement inconfortable et révélateur. Je « vois » le mensonge. La lumière cuivrée, l'étourdissement et la conscience aiguisée d'une autre dimension me font bad triper, d'autant que l'espace-temps n'est plus le même. Trois minutes ne signifient strictement rien. Je ne sais pas que je suis sous l'effet d'une drogue, même légale.

La première chose que je réussis à balbutier à mon « retour », à l'endroit d'Anik qui s'est retrouvée comme par magie assise à mes côtés, c'est : « Tu ne vas pas faire ça ? Tu ne "veux" pas faire ça ! » Anik me regarde, stupéfaite, et s'empresse de ne pas m'écouter. L'humain n'apprend que par ses erreurs, c'est prouvé.

## MENTHIR AVEC MON MENTHOR

L'Anglo prend de la salvia pour la troisième fois, il semble contrôler son trip, se promène dans la pièce en riant et en déclamant : « *I'm in stoneland ! I'm in stoneland !* »

Plus tard, nous abordons la dimension du mensonge : « J'ai appelé le café "Les Mentheurs" parce qu'on est tous menteurs et que la salvia t'amène plus près de la vérité », relate Mathieu Lipscomb, notre expert maison. « Peut-être pas "la" vérité, mais "ta" vérité », corrige l'Anglo.

« La réalité, c'est quoi ?, ajoute Jacques Languirand. Il y a deux interprétations possibles. Ou tout ça n'est qu'un fuckaillage du cerveau, comme le prétendent les scientifiques, ce à quoi je leur répondrai de l'essayer. Ou on a affaire à une percée dématérialisée dans un univers qui existe mais auquel nous n'avons pas accès autrement. »

Même si la qualité de l'expérience lui a fait dresser les sourcils et l'a revigoré, Jacques m'avoue qu'il ne prendrait plus de salvia. La plante hallucinogène n'est d'ailleurs pas considérée comme une drogue qui crée une dépendance. Un seul essai peut largement suffire.

L'Anglo cherche à comprendre et veut revivre l'expérience qu'il qualifie de « psychoveryactive drug » : « J'ai déjà avalé sept caps de mescaline en même temps et ça ne m'a pas fait autant d'effet. Oui, c'est peut-être chimique mais tomber en amour aussi, c'est chimique. Tout est chimique dans notre corps. La moitié de notre ADN est mobilisé par le cerveau et le système nerveux. La salvia nous fait ressentir la loi de la gravité, les forces d'attraction, le magnétisme entre la matière et nous. »

« Dans notre société, on tend à tout diviser : nous et les autres. C'est ce qui nous permet de voler, de blesser, de rire des autres. Ce n'est pas nous, c'est "eux". Avec la salvia, on est tous pris ensemble. Ça nous propulse à un endroit de notre esprit qu'on a depuis longtemps oublié. Tous nos mécanismes adaptatifs nous amènent ailleurs. Nos défenses psychologiques et nos règles sociales sont fondées sur le mensonge. Mais si on ne se mentait pas à soi-même et aux autres, on ne pourrait peut-être pas passer à travers la vie. Ce serait complètement claustro de vivre comme ça... »

Même si je n'ai pas été aussi loin que l'Anglo et Languirand dans l'expérience, la salvia est à classer parmi les trois trips initiatiques les plus intenses de ma vie avec la méditation Vipassana et l'accouchement. Dans les trois cas, assurez-vous d'avoir une bonne sage-femme avec vous.

On ne touche pas à sa vérité et au mensonge de l'humanité sans goûter aux contractions qui l'accompagnent. Et on ne sait jamais de quoi on peut accoucher : soi-même, une souris ou un éléphant qui trompe énormément.

# Une vie presque parfaite

---

«Une seule chose importe : apprendre à être perdant.»
Cioran

C'est promis, je n'essaierai même plus. Et si j'échoue, je n'en ferai pas un burn-out. Les arbres poussent tout croches, les nuages floconnent en désordre dans le ciel, les mauvaises herbes bouffent le paysage chèrement paysagé, la poussière retombe mais se soulève de nouveau, le diable est dans les détails et je vais me guérir, lâcher prise, me refaire en mieux (oups, une rechute), essayer d'apprécier le wabi-sabi, un mot japonais qui célèbre l'imperfection et l'impermanence.

Je vais enfin comprendre que la perfection ressemble à la mort. Le jour où la vie me semblera parfaite, je n'y serai plus pour en profiter.

Cela dit, j'apprécie au plus haut point les perfectionnistes, surtout lorsqu'ils sont notaires, contrôleurs aériens ou chirurgiens cardiaques. Et, entre nous, sans perfectionnistes, il n'y aurait pas cette idée hautement illusoire qu'il subsiste une Arcadie possible vers laquelle programmer son GPS intérieur. Ajoutons à cette quête impossible une certaine conception de l'esthétisme, de l'ordre ou d'un idéal, doublée d'une morale interne (voire une éthique du travail), et nous voilà en route vers la névrose documentée. Mais le perfectionnisme ne fait pas encore partie des troubles psychiatriques. Ça ne saurait tarder.

En fait, jusqu'à la semaine dernière, j'étais persuadée d'être une perfectionniste. Et encline à y voir plutôt une qualité qu'un défaut, surtout au travail. Mais notre perfectionnisme n'est jamais aussi pénible à vivre que pour les autres. Et un perfectionniste, un vrai, est un emmerdeur, un être contrôlant, un microgérant d'estrade, un enquiquineur de première et un enculeur de points-virgules qui vous empoisonne la vie à coups de «Oui, mais».

De toute façon, le perfectionniste a toujours raison. Obnubilé par la peur de se tromper et par l'échec, il entretient une vision manichéenne de l'existence. Ou c'est bien, ou ce ne l'est pas ; ou j'ai 100 %, ou je ne l'ai pas ; ou c'est fait à ma façon, ou ce ne l'est pas.

### APPRENDRE L'IMPERFECTION SUR LE TAS

Dans son essai *L'apprentissage de l'imperfection*, le psychologue-philosophe et prof à Harvard Tal Ben-Shahar nous rappelle qu'il n'y a pas de bonheur possible avec le perfectionnisme comme balise. Grâce à lui, j'ai réalisé que j'ai le perfectionnisme sélectif, heureusement.

Les gratifications escomptées (un angélisme bien relatif et un sentiment de contrôler le chaos) n'équivalent pas les retombées négatives possibles comme l'anxiété, le stress, la dépression, les troubles alimentaires ou l'épuisement professionnel. Le psy fait la distinction très nette entre les perfectionnistes et les optimalistes (une variante réaliste), beaucoup plus souples dans leurs attentes, capables d'accepter l'échec ET la réussite, de prendre des risques et de s'amuser chemin faisant. C'est la différence entre le parcours en ligne droite et la ligne sinueuse, la destination et le voyage.

N'empêche, je ne peux m'empêcher de sourire en repensant aux outils de mon père, dont les contours étaient dessinés au feutre sur le contreplaqué perforé de son établi, leur absence (emprunt, perte) étant instantanément dénoncée. Les vis ? Classées dans leurs pots, identifiées par ordre de grandeur. Perfectionniste ou organisé ?

Et cette épouse d'ex-premier ministre du Canada qui avait exigé qu'on remplace les moutons qu'elle avait loués une fin de semaine pour « décorer » son garden party dans les Cantons-de-l'Est par des moutons d'une seule couleur : perfectionniste ou oisive ? Un peu plus et elle les faisait tondre avec un motif de feuille d'érable. Parlez-moi de commandites...

Et les créations de Jean Paul Gaultier qu'on peut admirer en ce moment au Musée des beaux-arts de Montréal : perfectionniste ou visionnaire ? « La rigidité du perfectionniste tient, au moins en partie, à son besoin obsessionnel de tout contrôler. Il s'efforce de maîtriser toutes les facettes de son existence tant il redoute que tout s'effondre s'il lâche prise. Au travail ou ailleurs, quand telle ou telle tâche doit être accomplie, il préfère s'en charger en personne », rappelle l'auteur. Une chroniqueuse à l'émission *L'après-midi porte conseil* racontait que l'entourage du perfectionniste se met inévitablement en mode brouillon, car tout le monde se doute que le perfectionniste repassera derrière. À quoi bon s'appliquer ?

### « ÇA VA FAIRE PAREIL »

Le tempo s'accélère, le monde change au quart d'heure et au quart de tour. Sale temps pour les êtres minutieux qui manquent légèrement de souplesse mentale et ne maîtrisent plus leur environnement et leur iPad 2 : « Le perfectionnisme posait déjà problème il y a trois mille ans ; mais en ce temps-là les choses changeaient moins vite et on pouvait survivre, voire s'épanouir quand on en était atteint. [...] La rigidité mentale ne convient pas à la fluidité moderne – c'est pourquoi l'incidence de la dépression, de l'angoisse et du suicide dans la population jeune est de plus en plus élevée tant aux États-Unis qu'en Chine (qui connaît une croissance sans précédent) et un peu partout en ce bas monde », écrit encore Ben-Shahar.

Désormais, je parlerai au subjonctif de l'imparfait, j'appliquerai la loi économique du 80/20 qui consiste à consacrer ses efforts dans le 20 % du temps qui rapporte 80 % du résultat souhaité et non pas 80 % de son temps sur les détails que personne ne remarque. Et j'essaierai d'oublier la devise de Léonard de Vinci, ce sublime illuminé : « Les détails font la perfection, et la perfection n'est pas un détail. »

J'imiterai ces tisseurs de tapis orientaux qui ajoutent sciemment un petit défaut à leur tapis car « seul Dieu est parfait ». Je me convertirai moi aussi à cette simplicité volontaire du « j'ai fait mon possible » et me surpasserai à ne pas me dépasser. Je lirai enfin *Les imperfectionnistes*. J'appellerai Nathalie Normandeau*ᵃ, mon idole de la semaine, pour qu'elle me refile des tuyaux. Je serai « good enough », comme disent les Américains. Suffisamment bonne.

Et je m'en vais de ce pas louer une quarantaine de moutons pour décorer mon champ. Des moutons tout noirs (bêlant en *fa* dièse), pour me sentir moins seule de ne pas faire comme tout le monde.

- - - - - - - - - -

* Ex-vice-première ministre du Québec sous le gouvernement Charest, qui a annoncé son départ de la vie politique, en septembre 2011, en vue de ralentir.

# 4

# C'EST PAS
# LA DESTINATION
# QUI COMPTE

# Échangisme estival

«L'homme est un animal qui fait des affaires. Un chien n'échange pas son os contre celui d'un autre.»
Sydney Smith

Appelons ça une mauvaise bonne idée. Je ne sais plus qui a prononcé le mot en premier. Lorsque j'ai songé à l'échangisme, je n'étais ni en panne de désir, ni affectée par une quelconque anxiété post-crise-économique à visées communistes. Simple curiosité, j'avais envie d'essayer. Mais comme pour la plupart des fantasmes, je me demande si ça n'aurait pas dû demeurer au rayon «Circulez, y a rien à voir».

À quelques semaines de refiler les clés de notre alcôve à de purs étrangers (via trocmaison.com), j'ai une petite trouille de fille qui se trouve soudainement des défauts, un rien de cellulite ou quelques kilos en trop. Les relations passagères ou non protégées ne sont peut-être plus de mon âge.

Le principe s'avère pourtant hallucinant de simplicité. Tu me prêtes ton joujou et je te refile le mien. Après, on se le rend. Quand c'est ta console Nintendo portative, ça va encore. Lorsque ce sont les nichons de ta femme, il faut se munir d'une belle ouverture d'esprit ou être affligé d'une libido déeskienne. Et lorsque c'est ton toit, il peut être utile d'avoir conservé l'esprit d'aventure et l'insouciance de ses 20 ans face aux objets qui plombent inévitablement notre élan. De toute façon, comme disait Vian (Boris), n'importe quel objet peut être un objet d'art pour peu qu'on l'entoure d'un cadre.

Donc, on commence par retirer les cadres et lâcher prise sur ce que nous avons de plus viscéral après notre langue, notre origine, nos repères, c'est-à-dire notre home, notre matrice protectrice et refuge symbolique. Et s'ils allaient foutre le feu? Et s'ils votaient Front national? Et s'ils avaient le E. coli? Des Français débarquent chez vous et tout de suite, vous imaginez le pire. J'ai même averti les Marseillais d'en face: vous gardez les Bretons à l'œil. «Ah oui? Des

Bretons...» Sont comme ça, les Français, dès qu'ils changent de département ils affublent leur prochain de toutes sortes d'étiquettes, la pire étant de ressembler à un Parisien. Ou à un Breton.

## LA CONFIANCE EST-ELLE SOLUBLE DANS L'EAU FROIDE?

«Y a toujours un cadeau!», me dit mon mari très baba-cool-néo-bobo. Lui, l'économiste, ça ne l'énerve pas du tout cet échange de clés qui échappe aux échanges de devises étrangères. Il y voit une occasion de servir un camouflet aux banques et de ressusciter son marxisme latent. Faut dire qu'il a même participé à une grève, du temps où il fréquentait l'université, pour qu'on remette les cours sur le marxisme au programme. Aujourd'hui, les pauvres étudiants font la grève pour que les frais de scolarité n'augmentent pas et les cours sur le marxisme ont disparu.

Mais je m'égare. Donc, le cadeau. Pour l'instant, notre appart brille de tous ses feux. J'ai toujours pensé que la meilleure façon de faire le ménage était de lancer une invitation à souper. Pour le coup, je suis devenue fanatique de l'astiquage; j'élague, j'allège et je brasse de l'air. Je balaie chaque pièce d'un regard laser déterminé. Notre usure patrimoniale, ce tapis de bain élimé ou ces draps trop caressés me sautent aux yeux. Je rajeunis, je rafraîchis. «Tu trouves pas que tu en fais trop?», m'a demandé le mari usé (lui aussi, j'ai remarqué) en me voyant laver les feuilles d'une plante sur le balcon. «Elle photosynthèse mieux si on lui enlève une couche de pollution», me suis-je défendue. Mais la véritable raison, nous le savons, ce sont les Bretons.

Une fois réglée la ô-très-délicate-question-territoriale, l'invasion symbolique, une fois relu *Astérix chez les Bretons*, une fois purgé l'intérieur et aseptisé tout ce qu'on pouvait (j'ai lu *Bécassine*, on ne se refait pas), ne reste plus qu'à faire confiance.

«De nos jours, il est possible de faire confiance encore», ai-je lu sur le site echangedemaison.com. Rassurant, le «encore». Parlez-en à Pauline Marois qui a reçu un vote de confiance de 93 % il y a deux mois. La confiance est très très périssable de nos jours. Nous sommes «encore» trahis par ceux-là mêmes qui nous portaient aux nues.

Et pour les recours, il y a la chapelle votive de l'oratoire à 5 $ le lampion. Alors, la confiance, savez, ça se gagne autrement qu'en échangeant deux-trois courriels et en partageant des photos de nos enfants béats de gratitude.

C'est pourtant ce que nous avons fait. Plus cons que ça, tu annonces tes vacances sur Facebook en donnant ton adresse.

## LE KIT DE L'ARRIVANT

J'ai appelé mon voisin Jacques, un vieux routier de l'échangisme et retraité de la vie universitaire. Il en est à sa 20ᵉ expérience en 10 ans et toujours satisfait, même pas une assiette cassée à signaler ni un interurbain à réclamer. « Cool, ma Josée, prends ça cool ! Ce genre d'échange attire généralement des gens qui ont des personnalités sympathiques, ont le goût du risque et sont ouverts. Ça nous a permis de visiter des endroits hors des sentiers battus : la Sologne, Tourettes-sur-Loup (entre Nice et Cannes), Bouliac (près de Bordeaux), le Donegal irlandais, Ferney dans l'Ain. Tu vas là où personne ne va et tu vis comme les gens. À Bouliac, Carole écrivait son livre, moi je jouais de la flûte, je nageais dans la piscine et je m'occupais du chat. C'est mieux qu'un hôtel ! », m'explique Jacques, qui échange aussi sa bagnole au besoin, mais jamais sa flûte, ni son pipeau...

Comme ces échanges ne sont pas toujours simultanés, Jacques et Carole ont un mois de crédit en Nouvelle-Zélande et à Moorea, des vacances à venir à Venise, New York, l'Île-du-Prince-Édouard...

« Et puis, on s'est liés d'amitié avec certains échangistes, avec les Irlandais, la fille de Venise et les Madrilènes. Ça nous permet également de recevoir nos enfants et petits-enfants dans de grandes maisons durant les vacances. Nous n'avons jamais connu de problèmes ou éprouvé de regrets. »

Et Jacques prépare à l'intention des arrivants un kit d'échangistes pour qu'ils trouvent tout dans le quartier, leur pain, leurs fromages et leur pinard, voire la station Bixi ou l'urgence de l'hôpital.

Évidemment, j'en ai trop fait là aussi ; j'ai monté une bibliothèque de références gaspésiennes (j'envoie les Bretons voir la famille à Cap-des-Rosiers), de guides de restaurants, et même d'un *Guide de survie des Européens à Montréal*, *Sacré blues* de Taras Grescoe (un portrait iconoclaste du Québec) et *Ils sont fous ces Québécois* écrit par l'une de leurs compatriotes entre deux crises au Parti québécois.

S'ils veulent approfondir, il y a même une copie de *L'héritage* de VLB dans le salon avec tout Félix Leclerc.

Bon, vous me connaissez, j'ai aussi ajouté le guide *Où se bécoter à Montréal*. Et j'espère bien trouver *Où se bécoter en Bretagne* en retour... Ben quoi ? On est échangistes, assumons.

# Mourir en vie

« Un peu, beaucoup, passionnément,
Le jour de la dernière fête, le jour de la dernière fête »
    Barbara, *Y'aura du monde*

Certains jours tu en rêvais, tu avais hâte de tirer sur le fil. Tu attendais cette révélation comme une grâce, un couronnement, le point d'orgue de l'existence, une démission divine devant laquelle tous s'inclinent. Tu espérais secrètement que cette mort se ferait dans la conscience du départ, avec des adieux bien sentis, consentis, souhaités même, puisque tes os craquent, ta peau transparente ne te protège plus, ton cœur se noie, tes poumons soupirent et ton âme est déjà prête à s'envoler, si tant est qu'elle soit pourvue d'ailes.

Rendre l'âme, quelle drôle d'expression. Tu te rends. Cette âme poids plume s'élèvera au-dessus de la vallée de larmes. Ces âmes sœurs, dont certaines ont compté beaucoup, tu les retrouveras. C'est ta seule foi. Peu importe, te voilà sur le seuil de la porte avec le seul regret de ne pas avoir su que tu allais mourir. Toute ta vie, tu n'as pas su. Et tu appelais ça « vivre ».

Tu as entendu ta grand-mère prononcer « C'est la dernière étape » avant d'être emmenée aux soins intensifs. Ce sont les paroles définitives qu'elle t'a lancées pudiquement au visage. Tu as tenu la main de ton grand-père jusqu'à ce qu'il soit emporté, humectant ses lèvres comateuses d'une éponge imbibée de gin-tonic. Il avait choisi son heure, te l'avait annoncée, celle de son 96e anniversaire.

Toi, tu as élu ce jour pour lâcher prise. Tu n'as même pas envie de champagne et le chocolat te donne la nausée. Tu n'es plus qu'instant présent et abandon, envies dissoutes. Tu as perdu l'appétit et c'est le signe que tous les deuils sont en marche, chaque sens prend sa retraite, jusqu'au dernier, l'ouïe...

Tu es libérée de tes chaînes, de l'esclavage de tes tourments, de la disgrâce de la vieillesse. Et cette liberté te rend si heureuse sur ce lit d'hôpital javellisé,

*Épitaphe bilingue :* A mole put me in the hole/*Un grain de beauté m'a fait la peau.*

radeau de fortune vers l'au-delà. Tu démissionnes enfin du corps, de ses exigences souveraines, tu t'affranchis des attentes, de ton image, de tes rôles, de ce qui «doit» être fait, des certitudes si dérisoires, d'une «belle mort», d'un avenir meilleur, du vide que tu combles par ta présence.

Ils choisiront l'épitaphe, tu n'as plus besoin d'être originale. Ta seule présence sert de paravent, de pare-chocs. Tu le sais et ils le pressentent. Tu as accepté ta solitude millénaire et ton destin nécrologique. Pas eux. Tu quittes la gravité terrestre, le poids des jours et l'aumône de l'espoir. Tu t'évanouis pour mieux t'épouser. Allez, saint Pierre, coupe...

## ENTERRÉE VIVANTE

J'avais lu dans un article sur les participants à des funérailles vivantes, en Corée du Sud, que cette thérapie visait à redonner le goût de la vie dans un pays qui détient le triste record des suicides du monde développé. Le taux de suicide y a doublé en 10 ans, surtout chez les aînés, estimant être un fardeau pour leur entourage aveuglé par la réussite et le souffle grisant d'une économie florissante.

Les participants – une quarantaine à la fois – se font enfermer dans un cercueil en bois et y passent 30 minutes après avoir lu un passage du Nouveau Testament. «Après qu'ils ont tapé sur le couvercle, le silence semble éternel», confie l'un deux. Les plus grandes compagnies coréennes comme Samsung ou Hyundai envoient leurs employés assister à leurs propres funérailles. Samsung aurait même construit son propre centre funéraire factice, selon cet article dans la revue *Colors*.

Morbide? Déprimant? Certaines études prouvent que penser à la mort cinq minutes par jour diminuerait les pensées dépressives au bout d'une semaine. Curieuse, j'ai tenté l'expérience des funérailles vivantes durant deux heures cette semaine, en plein après-midi d'un novembre particulièrement radieux. Avant de m'ensevelir dans un linceul de laine, en position fœtale, j'ai relu certains passages de *Derniers fragments d'un long voyage* de Christiane Singer, son ultime opus, écrit sur un lit d'hôpital durant ses six derniers mois de maladie.

«Comment aurais-je pu soupçonner que je puisse encore être si heureuse? D'un bonheur sans fin, illimité, qui ne veut rien, qui n'attend rien, sinon l'émerveillement de chaque rencontre, de chaque seconde! Je dis bonheur par pudeur mais ce qui m'habite en vérité est plus fort encore», écrit-elle deux mois avant de mourir du cancer. Elle n'hésite pas à employer les mots «miracle» et «béatitude». «Qui eût pu soupçonner qu'au cœur d'une aussi difficile épreuve se soit lovée la merveille des merveilles?» Cette femme souffrait d'optimisme, elle l'avoue, et jusqu'à la fin, elle aura été incurable.

## VERS LA SAINTE PAIX

Nous montrant le chemin vers l'Amour, loin, si loin des ego pontifiants et de l'agitation aveugle, Christiane Singer, croyante et profondément ancrée dans la Vie, nous fait don de son départ. « Cette vie que je ne m'étais jamais autorisée, où il n'est permis que de ne rien faire, de ne rien attendre, de ne rien programmer, de ne rien juger, de ne rien vouloir... La liste pourrait se prolonger à l'infini, et serait de plus en plus magique », écrit-elle au sujet de ce passage à vide vers la sortie.

Ce sens unique porte son intensité propre. On peut, comme elle, relire Platon et clore le chapitre sur Aristote : « Tu connaîtras la justesse de ton chemin à ce qu'il t'aura rendu heureux. »

Pour ma part, je retourne m'exercer, cinq minutes par jour, pour apprendre à mourir, un iPod sur les oreilles, le chanteur ougandais Geoffrey Oryema fredonnant *Solitude*, cette berceuse tendre. Les Africains saisissent la futilité de l'existence très tôt, conservant la légèreté de l'enfance logée au fin fond des tripes.

J'espère seulement qu'à la seconde des pendules à l'heure, à l'heure de vérité, une auxiliaire à la félicité, doudou dodue de la douce Afrique, me prendra contre sa poitrine ample et me la chantera à son tour, en kiganda ou en ingala, dans une langue que seule mon âme saisira.

130    J'aurai enfin compris qu'on ne vit qu'une seule fois.

# Honorer la déesse

DIALOGUES DU VAGIN

———————

« L'érotisme est l'une des bases de la connaissance de soi, aussi indispensable que la poésie. »
Anaïs Nin

— Chéri, je viens de lire qu'il faut honorer ma déesse !

— Ta déesse ? T'as une déesse ?

— Oui, mon yoni... mon lotus d'or... mon vagin... j'haïs ce mot... tellement laid. Comme vagir ou vagal. Y a même un champignon qu'on nomme amanite vaginée. Mioum !

— Tu lis le dernier *Elle Québec* ou *Cinquante nuances de Grey* ?

— Non, je lis l'essai *Vagina* de Naomi Wolf, mieux écrit et plus fouillé aussi...

— Avec un titre comme ça, on ne doit pas fouiller bien longtemps.

— Tu serais étonné ! D'abord, savais-tu que pas une femme n'est câblée de la même façon ? Certaines sont plus innervées au rayon du clito, d'autres au niveau du vagin et du fameux point G et d'autres par la porte de l'arrière-boutique. Il y en a pour tous les goûts, on offre même la fibre optique !

— Ah bon ! Tu sais comme je n'ai pas le sens de l'orientation...

— On se fout de la destination, l'important, c'est le voyage. Naomi a interviewé des chercheurs qui ont établi un lien entre le cerveau et le vagin. « Vagin vénéré, fille comblée », aurait pu écrire Guy Corneau. Elle a même rendu visite à un chercheur à l'Université Concordia que j'étais allée interviewer il y a quelques années et qui développait un Viagra féminin en spray pour des rats. Il semble y avoir plus d'avenir commercial dans le vaporisateur nasal breveté que dans le parfum.

131

## PLAN CUL OU PLAN CON

— Il me semble que j'ai lu une mauvaise critique de son livre dans le *New York Times* cet automne ?

— Oui, magnifiquement écrite d'ailleurs, limite vicieuse. Ça mérite d'être lu. Et beaucoup d'autres médias ont emboîté le pas dans l'entreprise de démolition du livre de Wolf. Facile de se moquer d'une fille de 49 ans qui cherche presque candidement à retrouver ses orgasmes d'antan et intitule son livre *Vagina. A New Biography*. La critique du *New York Times* s'est bien amusée en moquant son approche nouvelâgeuse, pseudo-scientifique, tantrique et hystérico-historico-féministe. L'auteure de cette critique qui a fait boule de neige, Toni Bentley, a écrit un livre – *The Surrender*. Je l'avais lu. Cet ouvrage est entièrement consacré aux joies de la sodomie. Un beau cas de conflit d'intérêts, il me semble.

— Tu veux dire que ta Toni Bentley est une pro-cul alors que Naomi est pro-con ?

— Précisément !

— Et moi qui pensais que tout était bon dans le cochon !

— Je te conseille les deux lectures. L'une pour bander, l'autre pour tout savoir sur la dopamine, l'hormone d'une libido épanouie. Ce sont deux univers plutôt irréconciliables. L'une y va d'un vagin respecté, adulé, célébré comme dans le *Kâma-Sûtra* ou le taoïsme, vase sacré de la féminité et temple de la déesse-mère. L'autre se réfère à une entrée secrète et taboue, VIP, commanditée par K-Y, où le sexe est confondu avec un masochisme expiatoire judéo-chrétien, en se rendant (*surrender*) aux forces «armées» qui assaillent le siège de l'ego. Une forme subtile (si on veut) d'exutoire de notre «bullshit» inconscient. C'est une partie de fesses qui vise à dissoudre cet ego logé en bas de la ceinture. Méditation zen ou sodomie, même combat ! J'adorerais avoir ces deux femmes en face à face. Tu imagines un peu la discussion ?

— Oui, je pourrais servir de table à café dans un décor tout à fait néo-futuro-kitsch-BDSM...

## PILES OU POILS ?

— Je te prends au mot ! Ce qui est frappant aussi, en tant que femme, c'est que la moitié de l'humanité possède un vagin et le connaît mal et que l'autre moitié navigue à vue malgré la toute-puissance de l'industrie de la porno, des vibrateurs de 4$^e$ génération et des GPS intégrés aux iPhone. Wolf fait ressortir une culture affligée par cette porno où le vagin est né. Les cas de fissures anales chez les jeunes filles sont en progression dans les cliniques, même chez les mormons, ça préserve la virginité ! Elles n'en savent pas plus que leurs grands-mères sur leur plaisir et le moyen d'y parvenir. Wolf avance le chiffre de 30 %

*Une femme sur trois a peu de désir sexuel. Et elle n'en sait pas plus*
*que sa grand-mère sur ce qui pourrait la mener au 7ᵉ ciel.*

de femmes qui n'atteignent pas l'orgasme lorsqu'elles le souhaiteraient et d'une femme sur trois (on ne sait pas si ce sont les mêmes) qui a peu de désir sexuel.

— La statistique est une pute. On peut faire dire ce qu'on veut aux chiffres.

— Ça va, l'économiste! Je ne vais pas consulter le FMI chaque fois qu'il est question de prendre son pied! Ça me rappelle que Shere Hite – qui a dû s'expatrier des États-Unis en raison de menaces de mort à la suite de son rapport sur la sexualité féminine en 1976 – avait déjà révélé que les deux tiers des femmes ne pouvaient atteindre l'orgasme par la pénétration mais y arrivaient par la masturbation... y a des hommes qui l'ont pris «personnel», alors que c'est géographique. Nous sommes encore dans la préhistoire du sexe sous nos allures délurées.

— Ben, parfois, c'est une question d'ambiance, d'heure...

— Ça aussi, c'est prouvé! Je trouve que l'après-midi est préférable au matin ou au soir, même si ce n'est pas toujours pratique. Les conditions optimales figurent rarement au programme et on fait avec des feux d'artifice qui n'atteignent pas toujours le camp de base de l'Everest. Ça prendrait des sherpas... Et il y a la préparation pour l'expé qu'on souhaiterait moins expé-ditive. Wolf soutient que ce n'est pas un hasard si l'homme murmure des mots doux à sa convoitée, lui offre des fleurs, l'entoure de sublimes petites attentions. Elle explique qu'il y a un lien entre la baisse de désir chez les femmes mariées depuis un moment et le fait que les conjoints cessent généralement ce genre de pratiques romantiques associées aux débuts d'une relation. Elles sont essentielles pour faire vibrer une femme. Même mariée.

— Attends, j'appelle mon fleuriste!

— Surtout pas de chrysanthèmes ou d'œillets, les fleurs que les femmes trouvent les moins évocatrices. Il faut choisir des fleurs sensuelles qui donnent un indice sur l'intention.

— T'as vu le vibrateur suédois que j'ai acheté? Il me semble qu'il donne de bons indices sur l'intention... Ça te fait vibrer?

— Hum... j'adore les sherpas suédois.

# Le sexe expliqué à «ma» fille

————

«Faire l'amour, en soi, ne libère pas les femmes. La question, c'est de savoir de quelle sexualité les femmes doivent se libérer pour la vivre bien.»
    Susan Sontag

OK, t'es pas ma fille. Je n'ai pas eu de fille. Mais tu as l'âge de l'être. Tu es la voisine, la belle fille d'à côté. Et ta mère ne t'a pas expliqué la vie parce que ta mère n'est plus en vie. De toute façon, les mères ne sont pas les meilleures personnes pour nous enseigner les choses de la vie. L'amour, oui. Mais le sexe? Une autre bataille avec deux gagnants et deux perdants, selon les jours, selon les nuits. Une mère ne veut jamais tuer les illusions chez son enfant. Une mère, c'est fait pour réparer.

Tu me rappelles drôlement la fille que j'étais à ton âge, fonceuse et délicate. Il faut dire que j'étais pas mal moins sexy que toi. Je portais des robes de chez Import Bazar qui puaient le patchouli et ressemblaient à des sacs de toile à col de dentelle, avec des bottes de construction et des bas de laine de chez Canadian Tire. Appelons ça une allure innocente faussement lolitienne.

De toute façon, l'adolescence, c'est l'âge où l'on teste son pouvoir tout neuf, où l'on ne connaît rien aux garçons et où l'on ne sait pas quelle grenade on tient entre ses mains et de quelle façon on va la dégoupiller. À 15 ans, mon amant en avait 45 et il m'enseignait la philo au cégep. Un ex-curé. J'imagine que ça l'excitait.

J'avais ton âge lorsqu'une amie beaucoup plus vieille, déjà mère et amante, m'a initiée à la fellation sur une banane. La banane a réprimé son émoi mais au moins, elle est restée rigide et moi, j'ai appris les balbutiements de la tradition orale qui se résume à donner et y mettre de la salive.

Bien sûr, vous avez Internet maintenant, tout est là, à portée du doigt. Mais entre les descriptions purement techniques, les vidéos tirées par les cheveux ou purement sexistes, les explications platement mécaniques de sexologues bien intentionnés et la vraie vie, c'est-à-dire la pudeur, l'émotion, l'interdit, la bravade, les pulsions et les conséquences d'une relation sexuelle, il y a un monde que le virtuel ne peut traverser. Ça s'appelle l'expérience, et ça, personne ne peut la vivre à ta place.

## CES SECRETS QUE L'ON TAIT

Mais je peux tout de même étendre les draps avant que tu ne les froisses. D'abord, aussi bien l'avouer, le vrai bon sexe est rare. Il peut être tapi dans l'expérience torride d'un trip à trois de vacances bien arrosées comme il peut s'avérer le cadeau le plus précieux d'un mariage où la confiance et l'abandon sont nourris par le respect mutuel. Faire rimer célibat, jeunesse et volupté ou mariage, sécheresse et âge mûr est une erreur commune.

Le bon sexe est tout à la fois évanescent, insaisissable, capricieux, galvanisant, transgressif. Le bon sexe a besoin du désir comme la tourtière du clou de girofle. C'est l'épice qui fait la différence. Et puis, l'intimité, cette variable délicieuse, augmente au même rythme que la connaissance de soi. Le vrai bon sexe carbure à l'intimité ou au mystère.

136    Maintenant, avant que les canaux du désir et du plaisir ne soient complètement alignés avec tes planètes, tes hormones, l'idée que tu te fais de ton corps, le trouble que provoque celui de l'autre, le bon moment (nous sommes plus réceptives près de l'ovulation) et la contraception, il y a bien des chances pour que tes premières expériences soient aussi angoissantes que décevantes. D'où la tentation de faire semblant.

J'ai fait l'amour durant deux ans avant de connaître mon premier orgasme à 17 ans. Personne ne m'avait parlé du clito et de son importance. Même que les clitoridiennes étaient légèrement déclassées au chapitre du sexe, jugées trop compliquées (ou autonomes, c'est selon).

J'espère que tu sais où est le tien ; ça t'aidera à ne pas te sentir comme un pot de chambre après l'amour. Encore aujourd'hui, je soupçonne que bien des jeunes filles n'oseront pas se donner du plaisir par peur de blesser l'orgueil du membre tout-puissant et viril. Le pauvre, c'est beaucoup lui demander que de suppléer à tous nos besoins.

Et puis, la mécanique mise de côté – et la porno qui se contrecrisse de ton clitoris –, reste le sacré, le précieux dont on parle peu. Le sacré, c'est un peu la pleine lune du sexe. Tout s'illumine, tout se confond, le yin et le yang, tout disparaît dans l'infini, tout s'approche de la lumière, de l'intimité, tout est dans tout... et dans le Tao. Le cynique Louis-Ferdinand Céline disait que «l'amour, c'est l'infini à la portée des caniches». Reste le sacré.

## DU SUCRE DANS MON BOL

Tiens, si j'avais un livre à te conseiller – moi qui me suis initiée au sexe avec Anaïs Nin, Henry Miller, Bretécher et San Antonio – ce serait *Sugar in My Bowl*. *Real Women Write About Real Sex* qui vient d'être édité par la féministe américaine Erica Jong. Elle a demandé à une poignée de femmes, des écrivaines, de parler du meilleur sexe de leur vie ou d'une expérience particulière. Citant Anaïs Nin, qu'elle a déjà rencontrée, Erica Jong raconte que l'auteure des *Petits oiseaux* (le premier ouvrage érotique que j'ai lu) lui a glissé que «les femmes qui écrivent sur le sexe ne sont jamais prises au sérieux comme écrivaines». «C'est exactement pour cela que nous devons le faire», lui a répliqué Erica.

Peu importe, sérieux ou pas, tu trouveras dans cette anthologie des textes qui sonnent vrai, des tranches de vie sur cette formidable pulsion qui nous libère ou nous asservit. La perte de contrôle conserve un attrait hypnotisant et l'imaginaire est un puissant aphrodisiaque.

Dans ce livre, tu apprends que certaines femmes aiment le sexe sans lendemain, que d'autres n'ont pas fait l'amour depuis longtemps, qu'une «prude» a écrit un roman érotique à succès sous un nom d'emprunt, que le sexe dit toujours la vérité, que faire l'amour quand on a des enfants relève de l'exploit, qu'une femme a adoré pratiquer l'asphyxie pour atteindre le nirvana, que le sexe peut être dégoûtant quand les fluides n'ont pas de chimie entre eux, que la curiosité est souvent la mère de tous les vices, que les *Monologues du vagin* ont libéré toute une génération de femmes élevées par des bonnes sœurs qui n'avaient jamais touché au sexe, que le bon sexe n'a jamais besoin d'un «post mortem», que certaines femmes ne veulent pas s'engager et que baiser leur suffit. C'est encore mal vu.

Et puis, l'autre livre que tu devrais lire impérativement, c'est celui de la journaliste française Sophie Fontanel. Ça s'intitule *L'envie*, un roman d'autofiction qui a beaucoup fait jaser cet automne. Sophie a pris une pause sexe de 10 ans avant de s'y recoller et nous a fait cadeau d'un ouvrage libérateur. Ça, c'est pour te mettre en garde contre l'obligation de faire l'amour ou de perdre ta virginité si une telle chose que l'hymen existe encore. J'ai adoré ce bouquin et j'aurais aimé le lire avant, pour des phrases comme: «La vie privée ce n'est pas ce qu'on fait, c'est ce qu'on ne fait pas.»

Toute sexualité devrait être un secret, nous dit-elle. Et la sexualité peut être le pire des conformismes quand elle est exposée au grand jour. Ça me rappelle que j'ai fait l'amour à 15 ans pour me sentir comme les autres. Pas pour me faire plaisir, mais pour me libérer d'un fardeau, celui de l'innocence.

J'en ai déjà trop dit, il me semble. Respecte-toi, tout est là, et n'en demande pas trop à la copulation. Entre nous, les bananes n'abusent jamais de leur pouvoir, mais les grenades, oui.

# À l'école
# du premier amour

**LETTRE AU DERNIER DES ROMANTIQUES**

————————

«La magie du premier amour, c'est d'ignorer qu'il puisse finir un jour.»
Benjamin Disraeli

Mon beau B.,

Tu aurais fait un magnifique chevalier, un troubadour plus probablement, équipé d'une viole, une pastourelle pour toute armure. Je t'imagine chanter sous les fenêtres d'une belle alanguie comme lorsque tu grimpes dans les arbres avec ton amoureuse et la contemple, telle une oiselle posée sur ta branche. L'attraperas-tu ? S'envolera-t-elle en emportant ton cœur ? Perdrez-vous des plumes à ce nouveau jeu ? Il n'y a pas d'âge pour aimer, et neuf ans, c'est suffisamment de printemps pour essayer d'éclaircir le mystère d'une vie.

Aimer d'amour ou aimer l'amour ? Être romantique, c'est se voir condamné à souffrir mille morts en retour de se sentir exister un peu, de tendre vers un idéal. Le romantique est un tendre guerrier, sentimental, sensible, prêt à mourir pour la grandeur du geste, en oubliant parfois pourquoi il aime.

Les mots doux furtivement glissés comme ceux que tu échanges en classe me rappellent ces chatons qui font leurs griffes sur les rideaux. Parfois, ils y grimpent aussi.

Je t'ai vu espérer, tergiverser, soupeser, foncer, soupirer, flotter, t'inquiéter, te liquéfier, désespérer, angoisser, t'effondrer, reprendre vie, te détacher. Tu as connu en accéléré le premier amour – plaisirs d'amour ne durent qu'un moment –, la première peine – chagrins d'amour durent toute la vie –, le rejet, les retrouvailles, puis la sagesse qu'on tire de l'épreuve. «Tu sais, maman, tu avais raison. L'amour, ça ne rend pas si heureux.»

Ben voilà. Ça dépend comment on aime, et surtout qui.

Et puis, on ne cultive pas les mêmes attentes à 9 ans qu'à 90. Si j'ai déjà eu la maladresse de minimiser tes élans, tu m'as vite rappelée à l'ordre ; les maux de cœur ne sont pas moins douloureux à ton âge qu'au mien. Simplement, à neuf ans, le cœur est peut-être plus pur, plus innocent, et il attend nécessairement plus de l'amour parce qu'il n'a pas encore fait l'expérience de la déception.

L'insécurité des amoureux est une épreuve partagée à tous les âges de la vie. C'est le prix à payer pour avoir accès aux mirages, au cercle d'argent qui auréole chaque nuage, à l'illumination passagère, à cette forme de magie qui magnifie tout sur son passage, un accès privilégié aux portes de la conscience aiguë. Ça n'a rien à voir avec la couleur des yeux, c'est chimique, comme le chocolat. Oui, oui, je sais, Pâques s'en vient... Et le chocolat se mérite, pas l'amour.

## CHÈRE JOBLO

Tu voulais des conseils, comment faire avec les filles, pour qu'elles nous aiment toujours. Je t'ai expliqué que mon surnom, Joblo, me venait de ces années où je rédigeais un courrier du cœur dans ce journal et que ce n'était pas si différent pour les grands que pour les petits. D'abord, je t'avais prévenu, il faut se méfier des belles filles. Elles sont plus courtisées, forcément, et souvent plus compliquées. La compétition qui les entoure rend le prix convoité. Tu auras été prévenu, c'est de l'ouvrage.

Toi, tu veux une belle fille un peu mystérieuse, et elle, elle désire un chevalier qui va la conquérir et avec qui elle va se sentir encore plus belle, pré-fé-rée. Mais gare à l'empressement : « L'amour, c'est comme un oiseau, tu vois ? Tu le laisses se poser sur ta paume. Si tu le serres trop dans ta main, il va étouffer et mourir. Et si tu ouvres ta main trop grande, il va partir. Il faut que ta main soit comme un nid. » Tu m'as jeté un regard soupçonneux. Hein ? Elle écrivait ça dans son journal ? Pffff. Tu t'es demandé si je signais une chronique ornithologique.

Je t'ai parlé des adultes que tu connais qui ont éprouvé de grandes peines d'amour à ton âge. Robert, tiens, qui parle encore de sa Barbara, à l'âge de huit ans. Malgré sa cinquantaine avancée, il se rappelle chaque détail comme si c'était le moteur de sa première auto. Il était follement amoureux mais elle a déménagé en Ontario avec ses parents en plein milieu de l'année, au cœur de l'énamourement. Ça l'a tué, ses notes ont chuté, il a fait une petite dépression et ni ses parents ni son prof ne se doutaient pourquoi. Souvent, quand on est petit, on vit notre amour en secret. Parce que les grands pourraient l'abîmer ou se moquer. On couve l'oiseau.

## ELLES SONT TOUTES PIRES

L'autre soir, une vedette racontait à TLMEP avoir rencontré la femme de sa vie à neuf ans. Ça fait 40 ans que ça dure et ils dansent toujours ensemble. Ses yeux s'illuminaient lorsqu'il parlait d'elle. On sentait qu'il avait encore neuf ans à ses côtés.

Ça t'a donné de l'espoir. Les romantiques ne veulent pas entrevoir la fin. Ils ont bien raison. Que vaut une histoire dont on connaît déjà l'issue ? C'est bon pour les cochons ou les éteignoirs.

C'est comme mon amie Léa ; elle aimait l'ami de son frère. Il avait 8 ans, elle en avait 10. Elle n'osait pas le lui dire. Alain, qu'il s'appelait. Il a subi un accident, en tombant, une côte a perforé son foie. Il en est mort. Léa a toujours regretté de ne pas être passée aux aveux. Elle s'est sentie coupable qu'il meure sans se savoir aimé.

Tu sais quoi ? Emporté par la vie ou la mort, l'amour fait mal. La première peine n'est pas la pire. Elles sont toutes pires. Et on s'en rappelle toujours. « On voudrait mourir pour se soustraire, mais il se trouve que, le plus souvent, on survit », ai-je lu dans *L'amour en miettes*. Dans la table des matières de ce très joli livre, on trouve les mots « jaloux », « hémorragie », « intranquillité », « passion », « obsession », « pureté », « résurrection », « séquelles », « espoir », « maladie », « foi ».

L'amour, c'est tout ce bouquet d'émotions. Et même d'autres que tu inventeras. Parce qu'il faut être un peu magicien, comme en cuisine. Dans *L'amour en miettes*, l'auteure prétend aussi que l'amour, ça repousse, comme du chiendent. Même déchus, même déçus, nous espérons toujours, nous renfilons nos gants de jardinier. Enfin, pour la plupart...

Le printemps n'en finit plus de neiger mais on sait que le froid se lassera. La pire erreur serait de croire que les arbres sont morts alors que demain, il ne suffira que d'entailler pour voir jaillir la sève. Tu as tous les printemps devant toi, et tant de sève à faire bouillir.

Ta mamounette

# Amours, délices et orgues

## LA NOCE OU L'APOTHÉOSE DE LA FÊTE

———————

«Cette nuit j'ai rêvé de noces qui dureraient longtemps – et où chacun apporterait un cadeau singulier : du temps.»
Christiane Singer, *Éloge du mariage,*
*de l'engagement et autres folies*

Une noce, c'est de l'ouvrage. L'amour aussi, paraît-il. Ces deux-là sont faits pour aller main dans la main. Des mois de turbin, des dépenses somptueuses et beaucoup d'amis pour mettre l'épaule à la roue afin de créer douze petites heures de magie dans une vie. Tout ça pour ça et pour dire «oui»? Eh bien oui au carré; je recommencerais demain matin. Et avec le même homme.

Préparer un mariage, la cérémonie et la noce, éprouve un peu le couple, le portefeuille et le sens de l'organisation, exacerbe le perfectionnisme et le sens du détail, émousse les nuits... «La fatigue fait partie du mariage mais on apprend à se connaître», a sagement laissé tomber le père Lacroix qui présidait à la cérémonie avec Jacques Languirand, respectivement représentants du divin et de la justice.

Mais outre la cérémonie empreinte de recueillement, de serments, de nervosité, de chants et de rires soulagés, une noce repousse les limites de la mort, impose un bâillon au quotidien, le temps d'une journée qui se veut rien moins que parfaite, un hiatus au cœur de nos vies, une trêve dans la bataille de la survie.

Déjà, il a fallu apprendre le tchèque, langue slave que je maîtrise à coups de *dekuju* (merci), *vino* (facile), *na zdravi* (santé!), *muj manzel* (mon mari). Précédé de : *Opravdu si myslíte, že budeme klást žluté ubrus s černými olivami na tabulky ?*

*Mé jméno není Manon des zdroje* (Croyez-vous vraiment que nous allons mettre une nappe jaune avec des olives noires sur les tables ? Je ne m'appelle pas Manon des Sources !). Très divertissant... surtout après.

Le mariage s'est déroulé en Moravie du Sud, dans les Cantons-de-l'Est ; ça m'apprendra à vouloir me dépayser. Et le traiteur était une Iranienne du Nord, un mélange tout à fait dissonant entre deux cultures qui ne sont pas faites pour se rencontrer et qui s'éprouvent dans l'incompréhension mutuelle tout en visant le divorce. Le mot « haïr » en persan, vous connaissez ? *Motehnafer boudan*. En roulant bien le *r*.

## L'UNION SUBVERSIVE

Jamais je n'aurais soupçonné que l'institution du mariage pouvait déranger autant en 2010. Le mariage est devenu plus subversif que la cigarette, l'échangisme, se désabonner de Facebook ou sortir avec un intégriste musulman.

« Mais pourquoi se marier ? En a-t-on si honte qu'il faille s'en justifier ? », peut-on lire dans *Histoire du mariage* (collectif sous la direction de Sabine Melchior-Bonnet et Catherine Salles, 2009), un volumineux et passionnant ouvrage de mœurs consacré à cette tradition millénaire qui bat de l'aile.

En 1980, au Québec, le taux de mariages était légèrement plus important qu'au début du siècle dernier. Trente ans plus tard, en 2009, on en compte soixante-dix pour cent de moins. Et seulement 20 % des couples divorcés se repassent une alliance à l'annulaire ; les autres fredonnent Jeanne Moreau : « Non, pas la bague au doigt, juste un fil de soie... »

Chez les intellos, les baby-boomers, les artistes, les libres penseurs, les rebelles, les républicains, les athées et les marins, peu de gens mariés, quelques divorcés, donc beaucoup de candidats pour le lancer de la jarretelle et du bouquet. Et plus ils vieillissent, plus ils font de contorsions pour l'attraper, au risque de se luxer ce qui leur reste de cynisme.

Si j'ai bien saisi le message empreint de réserve bon teint et de pudeur en filigrane, de fuite devant les serments extrêmes ou de cicatrices encore apparentes près de la région du plexus, on ne devrait plus retrouver la foi une fois qu'on a chuté de sa croix.

Mais j'ai également été très surprise de voir combien de couples unis maritalement ou non, célibataires par choix ou pas, étaient émus par ce plongeon et ce partage d'amour (oh les gros mots), combien de jeunes ont éprouvé la pulsion de nous imiter, nous ont avoué en catimini et à demi-mots qu'ils nous enviaient cette échappée déraisonnable qui brave une époque individualiste et désenchantée.

Oui, la noce est une fête dédiée à l'Amour, à Vénus, déesse du vendredi. L'amour à la puissance 50, ça vous déménage le palpitant. Et chacun met du cœur à redonner ce qu'il reçoit de cette journée fondée sur l'espoir et le don de soi (ou de sa main gauche), de son temps si précieux.

« Quoi ? Y aura pas de cadeaux ? », s'est exclamé mon B. en déchiffrant l'invitation. « Non, chéri, nous n'avons besoin de rien. » « C'est pas vrai, maman, on n'a pas de Wii. » Chacun son interprétation du Wiiiii je le veux.

Et chacun sa définition du don ; la mienne vient avec une bouteille de bulles, un large sourire et la promesse muette d'un appui présent et futur lorsque les nuages encombreront le ciel.

## CONVOLER EN JUSTES NOCES

« Le mariage est le seul contrat privé de notre société entre deux personnes qui ait lieu avec un cérémonial particulier, coûteux, public, où les parentèles et les amis sont convoqués et témoignent par leur présence de l'alliance réalisée. Aucun autre acte contractuel n'engage aussi fortement à des prestations rituelles, à des festivités, à des dépenses collectives pour les amis et les membres des deux familles », indique *Histoire du mariage*. « Les mariés préparent, des mois, voire un an à l'avance, une fête qui se veut à leur image, où les amis interviennent avec des créations musicales ou spectaculaires. Une "œuvre d'art rituelle" est créée chaque fois, qui doit refléter la personnalité des époux et les circonstances de leur vie. »

144

River l'amour sur le socle du rite tout en lui donnant des ailes, demander à chacun de témoigner de cet instant, cela remonte à la nuit des temps et existe chez tous les peuples. Encore aujourd'hui, et malgré les unions « chambranlantes » : « On invoquera la tradition, toujours fantasmée, pour ancrer l'engagement dans la durée d'un temps immémorial, et espérer qu'il sera aussi solide que ceux du passé. »

Et le lendemain de cette faste fête qui caracole entre folie et démesure, une fois qu'on a convolé, trop bu et bien mangé, dansé tout son saoul, abandonné d'exquis cadavres derrière soi, on se réveille un peu « torchon, chiffon, carpette », convaincus d'avoir rêvé ce plus beau jour de notre vie.

On ouvre un œil sur les vestiges, ça tangue un peu dans l'entrepôt. On demande à son nouveau mari, d'une voix pâteuse doublée d'une haleine douteuse : « T'as préféré quoi dans notre mariage ? » Du tac au tac il répond : « Toi. »

Nous voilà rassurée, c'est bien notre homme, il ne cause pas le tchèque.

La noce s'est évanouie mais l'amour reste. Vive les mariés !

# Monter au ciel? Oui, mais comment?

EXPLIQUER LA MORT AUX ENFANTS

———————

«Le temps passe, nous aussi.»
   Félix Leclerc

Chaque fois que monsieur B. s'élance vers le ciel dans une balançoire, il fait des coucous à papy Gilles, le grand-papa qu'il n'aura jamais connu.

145

«Maman? Pourquoi il est mort papy Zilles? Pourquoi les médecins ils ne l'ont pas guéri? Est-ce que ze peux lui parler? Est-ce qu'il peut nous voir? Comment il a fait pour monter dans le ciel?»

Ça fait un moment que je suis dépassée par les réponses à servir à un enfant de trois ans concernant notre finalité. Satisfaire sa curiosité, protéger son innocence, ne pas trop brusquer mes propres limites, le menu est varié. Je tergiverse sur le choix des mots, m'embrouille dans les explications et la procédure, bafouille quelques évidences auxquelles je ne suis pas certaine de croire. Bref, je mesure l'immensité de mon analphabétisme devant le mystère de la mort. Bouche le B, je suis.

«Il faut dire la vérité aux enfants, ne pas employer de métaphores», m'explique Sylvia Hamel, une psychothérapeute qui a fondé Parent Étoile à l'intention des enfants endeuillés. «Il est "parti", il est "monté au ciel", il fait "dodo" ne sont pas des réponses adéquates, même pour les tout-petits. Les enfants sentent, entendent et méritent de vraies explications. Ça les rassure beaucoup. On veut tellement les protéger qu'on ne leur rend pas service. Avant d'aller au ciel, il faut leur expliquer que maman, grand-papa ou leur chien Patate sont morts et ce que nous savons de la mort.»

## S'ARRACHER LA TÊTE

Il y a deux semaines, on a demandé à la fondatrice de Parent Étoile d'annoncer à un petit garçon de quatre ans la mort de sa mère, enceinte de quatre mois et décédée dans son sommeil à l'âge de 26 ans. « Le papa ne se sentait pas capable de le faire. Et c'est souvent mieux si la mauvaise nouvelle arrive d'un étranger. L'enfant peut nous en vouloir à nous, ce n'est pas grave. Lorsque je suis repartie, il m'a dit de ne plus lui adresser la parole… », dit Sylvia qui a versé de grosses larmes en lui annonçant que sa maman et son futur petit frère étaient morts. « Il le savait déjà. J'ai seulement mis des mots sur ce qu'il percevait dans son entourage depuis quelques jours. J'avais apporté un petit ourson en peluche en lui disant que l'ourson était orphelin et qu'il n'avait personne pour s'occuper de lui. Il me l'a pris des mains. Mais une fois que je suis partie, il lui a arraché la tête. Voyez-vous la douleur qu'il avait dans la sienne ? La grand-maman a recousu l'ourson et depuis, il s'en occupe bien… »

Sylvia Hamel organise également des ateliers sur le deuil qui s'adressent aux enfants de 6 à 12 ans. Elle leur fait dessiner sur un oreiller, baptisé « l'oreiller de colère » : « Dans la mort, on se sent toujours abandonné. Et en colère contre celui qui est mort ou contre les médecins qui ne l'ont pas guéri ou encore contre l'autre parent qui est moins disponible. » Sylvia fait également écrire une lettre à la personne décédée : « As-tu engraissé ? », « As-tu la télé ? », « As-tu une nouvelle blonde ? », demandent les enfants à l'un ou l'autre de leurs parents disparus. La thérapeute utilise aussi des insectes morts pour expliquer l'absence de faim ou de douleur aux tout-petits : « Parfois, les enfants se sentent soulagés par la mort d'un parent malade depuis longtemps, car la souffrance était difficile à porter pour eux. Et avec le soulagement vient la culpabilité. Ce sont le genre de choses qu'on aborde. On leur explique qu'on meurt seulement si on est très, très, très vieux, très, très, très malade ou très, très, très blessé. Trois fois le "très", c'est très, très, très important ! »

Sylvia fait régulièrement face à la problématique du suicide. Le parent survivant veut à tout prix épargner la vérité aux enfants. « Une mère, qui ne voulait pas que ses enfants de 7 et 10 ans sachent que leur père s'était jeté devant un train, m'a appelée l'an dernier. Son fils lui avait dit qu'il avait tenté de se suicider en rentrant de l'école. Rien de grave : il jouait à se jeter en haut d'un banc de neige. Mais c'était un cri d'alarme. Cet enfant savait que son père n'avait pas eu un "accident" de train. Sa mère s'est souvenue de Parent Étoile quand son fils a demandé un télescope afin de voir son père dans le ciel. »

## DE TOUTES LES COULEURS

Parce qu'ils ont l'air d'oublier et de jouer, passent rapidement d'une émotion à l'autre, on sous-estime énormément la tragédie du deuil chez les enfants. Les deuils non résolus ressurgissent forcément plus tard, lors d'une perte subséquente. « Un deuil non résolu peut avoir des conséquences sur trois générations. Les enfants ont besoin d'en parler eux aussi, de faire partie des rituels, d'assister aux funérailles ou d'aller au salon funéraire s'ils en éprouvent le désir », estime Sylvia Hamel, qui a vu des adultes blessés par un « vieux » deuil débarquer chez elle.

Dans son livre *Les couleurs de ma mère*, Francine Caron aborde la difficile question de la mort d'une maman en passant par toutes les couleurs de l'arc-en-ciel. « Ce livre, je l'ai écrit il y a six ans mais ça a pris du temps pour trouver un éditeur qui accepte de toucher au sujet. À mon école, où je suis intervenante communautaire, il y a plein d'enfants qui perdent leur maman. Ce n'est pas rare. Mais dans notre société, une mère ne meurt pas. Une mère, c'est de l'ordre de l'intouchable. »

Francine a elle-même écrit ce livre à la suite d'un deuil non résolu qu'elle a porté durant 30 ans. Elle constate que beaucoup d'adultes offrent son livre pour enfants à d'autres adultes. « On redevient un enfant quand nos parents nous passent le flambeau », remarque cette mère de quatre garçons qui estime que les enfants sont des baromètres et de grands observateurs, qui méritent tous nos égards et notre attention dans le deuil. « Il faut surtout leur dire de ne pas avoir peur de s'attacher et d'aimer, même si ça peut faire mal. Il n'y a pas grand-chose qui accote ça dans la vie, malgré tout », pense l'auteure.

Forte des conseils de Francine et de Sylvia, j'ai emmené mon B. voir mon père au cimetière cette semaine. Devant la pierre tombale, je lui ai expliqué les choses de la vie.

— Papy Gilles était très, très, très triste et il a choisi de mourir pendant que tu étais dans mon ventre. C'est pour ça que les médecins n'ont pas pu le soigner. Il ne voulait plus vivre, tu comprends ? Mais toi, si jamais tu es très, très, très triste, tu vas en parler avec quelqu'un, OK ? Tu ne vas pas choisir de mourir ! »

— Oh ! pauvre lui ! Est-ce qu'il est encore triste, maman ?

— Je crois qu'il doit être triste de ne pas t'avoir rencontré.

En quittant le cimetière, mon B. a soufflé un baiser vers le ciel. « Bye papy, sois plus triste ! »

# Prendre un mourant par la main

## POUR L'AMENER VERS DEMAIN

« L'un de nous deux doit demander à la mort de le conseiller et laisser tomber toutes les mesquineries courantes des hommes qui vivent leur vie comme si la mort n'allait jamais les toucher. »
Carlos Castaneda, *Stopper-le-monde*

148

La mort ? C'est comme la vie, je l'ai apprise sur le tas. J'ai connu des morts accidentelles, des départs volontaires, des décès attendus, des fins tièdes, des passages à vide jusqu'à trépas. Mais jamais la mort en direct, celle qui nous montre la destination de l'index. Chaque jour, je suis partie à sa rencontre ces derniers temps. Alban, mon grand-papa, s'est montré exemplaire dans cette façon humble de mourir à lui-même et aux autres. Cet homme, si démesurément solide de son vivant, s'est laissé nourrir, abreuver, changer, frictionner, masser, redresser, je l'ai aussi fait sourire, encouragé, grondé. J'ai porté à ses lèvres sa dernière crème glacée. Je l'ai aimé et accompagné jusqu'au générique de la fin.

J'ai tendu la main à la mort en sachant très peu de choses à son sujet, sinon qu'il faut stopper le monde pour l'apercevoir, si ce n'est que furtivement. Nous avons domestiqué les naissances, mais la mort ne se glisse pas aussi facilement dans un agenda. Elle fait désordre et c'est tant mieux. Elle pue de la gueule même si on la désinfecte au Purell. Elle hurle par tous les orifices et ne nous laisse pas détourner le regard. Même les aveugles savent qu'ils vont mourir. Notre époque prolonge la vie (ou son illusion) au-delà de toute signification et de toute décence. Je me demande souvent à quoi bon. Les vieux meurent seuls dans leurs mouroirs, abandonnés à dessein. Ils ont eu la mauvaise idée de durer. James Dean avait compris, lui : « *Live fast, die young and leave a beautiful corpse !* »

Au fond, nous sommes les véritables perdants de cette rupture avec le temps. Et nous déployons beaucoup de talent quotidiennement pour l'oublier en scrutant l'avenir.

## CHAMBRE 456

Que de rencontres surprenantes dans les corridors de la mort depuis deux semaines. L'aile silencieuse des soins palliatifs est un cimetière où la science se fait prudente et modeste, concède son peu d'expertise devant l'inconnu. La mort n'est pas quantifiable. Pire ! Elle surprend, même quand on l'attend. Chacun devient un expert instantané au chevet de la mort.

Dans la même chambre que mon grand-père, cette femme souffrante que son mari veille du matin au soir. En lui passant une débarbouillette froide sur la figure, je l'entends murmurer doucement : « Pôpa est avec toi. Pôpa va être avec toi jusqu'à la fin. » Devant cette tendresse sans pudeur, je reste muette d'admiration. L'humanité sonne si juste dans le détail même si l'orchestre symphonique semble désaccordé.

Tous les jours, je croise Lucie au chevet d'Alban. Elle le connaît, lui caresse le front, lui épluche une clémentine. Une de ces femmes capables de materner en double et en triple. Depuis un mois, Lucie vient, matin et soir, assister son mari de 54 ans qui ne veut pas mourir à l'hôpital. Elle en profite pour venir saluer mon grand-papa. « C'est à nous, les accompagnatrices, de les amener à accepter la mort, me confie-t-elle. Mon mari est encore attaché à la matière. Ce soir, je vais mettre une musique douce, je vais faire une visualisation avec lui et le ramener dans chaque pièce de la maison, pour faire ses adieux au monde matériel. Souvent, je le guide par la pensée jusqu'aux portes de la lumière. On visualise ce qui l'attend. Il a peur. Je sais qu'il y retourne, mais il revient tout le temps... »

Pôpa et Lucie m'ont aidée à apprivoiser la mort, à en adoucir certains angles. Alban, lui, m'a enseigné combien il faut d'humilité et de confiance pour accepter sereinement la dissolution du soi.

## MOURIR COMME UN ÉLÉPHANT

« Beaucoup de gens, intuitivement, savent que ça va se poursuivre », me dit ma nonne bien-aimée, Drenpa, du centre bouddhiste Kankala. « Dans le bouddhisme, c'est le corps qui meurt. On change de voiture, la carcasse est rouillée. On apprend à ne pas s'identifier au corps. » Drenpa donne des cours sur la mort et aide quantité de gens à puiser un sens dans cette finalité abrupte : « On perd notre vie dans beaucoup de futilités si on ne réalise pas que nous allons mourir et on sera pris de regrets au moment de notre mort. La mort, c'est pas le fun, on

« Live fast, die young and leave a beautiful corpse » *(James Dean)*.
*Le regretté Reynald Bouchard et son Noël dans le parc.*

ne veut pas y penser. Et on vit dans une société où les choses doivent être le fun. Comme il n'y a plus de religion, ça donne lieu à beaucoup d'incertitude ; c'est terrifiant, la mort ! Mais plus on est jeune, et plus on devrait y penser souvent. Ça modifierait notre comportement. »

Drenpa a perdu son père l'an dernier et l'a accompagné jusque dans son dernier sommeil. « Accompagner les mourants, ça nous prépare. C'est un cadeau que d'être présent même si c'est difficile. On ne met plus beaucoup d'accent sur ce que ça peut apporter d'aider les mourants. Mais c'est une opportunité précieuse pour l'un et l'autre. Au moment de la mort, on réalise ce qui est important : chérir les autres. La religion nous dit ça, pour qu'on le réalise maintenant, pas seulement quand on meurt. Est-ce qu'on va comprendre avant ? C'est une autre question... »

Mon vieil ami, Jacques Languirand, se montre plutôt d'accord : « Finalement, la religion (dans le sens de "relier") avait un sens. Actuellement, nous n'avons pas le niveau de conscience qui nous permet d'abandonner la religion. » Les éléphants, eux, l'ont : « Les éléphants sont très proches de leurs morts », ajoute le sage au rire tonitruant. « Ils les veillent, les pleurent ensemble. Mais règle générale, chez les animaux, on se montre plutôt fuyant ! Ha ha ha ha ha ! » Languirand est la seule personne vivante avec qui je peux rire de la mort. Et ses sourcils blancs lui donnent entièrement voix au chapitre : « La familiarité avec la mort n'existe plus. On la cache. Nos valeurs économistes héritées du système capitaliste – l'argent, la beauté, la jeunesse –, tout est opposé à la mort, finalement. Et maintenant, avec l'incinération, la rencontre se fait avec une potiche. Les cérémonies se font autour d'un pot. On éjecte la mort. C'est sale. Et on n'a pas le souffle pour une réflexion. »

Nous n'avons même pas le souffle pour un dernier souffle.

# Truffes blanches et fumier millésimé

CRITIQUE INORTHODOXE À L'ARPÈGE

«L'arrière-saison nous a laissé de très beaux produits cette année.»
Alain Passard, chef-propriétaire de L'Arpège

Paris 7ᵉ – Mon Loulou, ce sera une longue carte postale en direct de l'arrière-saison. D'abord, comment te remercier pour cette invitation (*in absentia*) dans l'un des plus grands restaurants parisiens, chez Alain Passard soi-même, pour célébrer nos fiançailles. Ta générosité proverbiale sera récompensée, du moins je l'espère, par ce résumé d'agapes plutôt rocambolesques.

Tu sais combien je suis rigoureuse, même ivre. Et je te jure qu'on n'a pas abusé de ce Latour 1961 à 6626 € même si c'est pas l'envie qui manquait. Le Krug à 1225 €, j'ai laissé tomber aussi, non sans regrets.

Nous avons accepté ton invitation en sachant qu'elle était un réel effort de PPP (partenariat privé-privé), que tu investirais ton dernier foulard en laine polaire dans la survie du *Devoir*, que tu n'avais jamais bu de grappa sur le bateau de Tony Accurso.

Bon, que je te raconte par le menu cette soirée vachement «challenge». D'abord, on nous sert un œuf à la coque baptisé au vinaigre de xérès et au sirop d'érable; j'ai la recette de la mise en bouche si tu veux. Très terroir d'outre-mer et vaguement nostalgique, le sirop d'érable. Passard étant le roi des (grosses) légumes – une excentricité pour les Français qui carburent encore au foie gras et au saucisson artisanal – je commande le menu «tout légumes». Passard les fait pousser dans sa ferme à 150 kilomètres de Paris et les fait venir en TGV, «first class». Le guide Michelin en parle comme d'un chef-poète du terroir. Nous avions un menu sans prix (recommandé aux cardiaques), mais j'ai vu dans le guide en question qu'il fallait compter 360 € avant le vin (soit 500 $ par personne) pour dîner à sa table. J'imagine que la courge musquée pousse dans le fumier millésimé.

## HÉDIARD, FRANCE-SOIR ET SARKO

Mais le plus beau, mon Loulou, c'est pas le spaghetti de betteraves dans son consommé de tomates jaunes au basilic pourpre, c'est pas non plus l'huile d'argan dont on baptise le couscous de légumes fins (un navet reste un navet, t'en conviens ?) en oubliant de dire que les noyaux avec lesquels on fabrique cette huile ont été digérés par les biquettes marocaines de la grande cité de Mogador. Ah non, pas de scatologie ici... Ça me rappelle que lorsque j'étais critique gastronomique, je ne chiais pas de la copie, je l'emballais.

À L'Arpège, on pérore, on murmure, on susurre, on bout-des-lèvres, on se la joue «fin palais», «connaisseur» et «esthète», je le tiens de Passard lui-même qui est passé déposer quelques truffes blanches grosses comme ton poing sur notre table et qui en profite pour donner son show en jeans de soirée. J'assiste à un ballet, un cirque ou une supercherie, mais j'assiste, ça, tu peux me croire. Et en plus, je note tout, j'ai le poignet qui fatigue.

Parce que le plus beau dans un resto qui fait trois étoiles au Michelin, c'est la comédie humaine. Tout ce qu'on fait pour justifier le prix, le spectacle qu'on donne pour te convaincre qu'un poireau n'est pas un poireau et te faire oublier que t'en es un de première. Et t'avoueras, toi qui as lu Balzac à Brébeuf, qu'on ne peut pas mieux jouer la comédie qu'ici, à Paris. Ils sont nés pour ça, c'est leur raison de vivre : faire chier le peuple.

Le plus beau, et ça ne fait que commencer, c'est le jeune sommelier qui m'a prise en H1N1 dès que j'ai osé suggérer que je pouvais vivre sans le Chardonnay. Oh la gaffe ! Je lui cause un «souci». Mon fiancé souligne : « *You're at crosspurposes with the sommelier.* » C'est un code, dès que ça se corse (et je ne cause pas du vin), on passe à la langue d'outre-Manche. Les Français n'ont pas la langue dans leur poche, mais ils n'en ont qu'une.

Pendant que le sommelier me fait la tronche, je note qu'à ma gauche il se fend pour une table du gratin parisien venue célébrer l'anniversaire de mamie, très veuve liftée qui ramassera la note. Y a un âge où c'est tout ce que tu ramasses. Derrière moi, si je recule ma chaise, je tombe dans les bras d'Alexandre Pougatchev fils, 23 ans, propriétaire de *France-Soir* (papa Sergeï, lui, a une banque, Poutine mange dans sa main et il lui fournit du caviar d'Hédiard, dont il est également le proprio), en grande conversation avec un des bras droits médias de Sarkozy et un autre de ses collègues du journal *Le Parisien*, l'équivalent du *Journal de Montréal*. Jamais entendu le mot «journaliste» aussi souvent dans un repas.

Déjà, ça promet. Et mon collègue Christian Rioux donnerait sa réserve de beurre de peanut pour être assis à ma place.

## CHUT, CHUT, CHUT, TA YEULE !

Par contre, c'est mal barré pour la romance. Tandis que mon fiancé essaie de m'attendrir au sujet de notre relation et de faire des plans d'avenir, j'écris furieusement tout ce que j'entends en murmurant ad nauseam : «Chut, chut, chut, chut, ta yeule, plus tard !» Il sourit en me regardant amoureusement ; je n'en demande pas plus. Voyant qu'il s'ennuie un brin, le bras droit médias de Sarko lui lance un clin d'œil, puis deux. «T'es certain que c'est pas un tic nerveux ?», que je demande. Il a l'habitude, il est «absolutely convinced», il se fait draguer. À son âge, c'est inespéré. Je ferme les yeux, et les deux en même temps, mais je garde les oreilles grandes ouvertes.

Derrière moi, ça jacte merchandising : «Théoriquement, on n'a pas le droit de copier, il faut s'inspirer», lance le conseiller sarkozyen qui prend la peine de dire que Sarko l'écoute (ou s'en inspire), qu'il n'a pas viré machin, que par contre Sarko ne rassure pas le Français lambda, lequel ne veut pas que Nicolas s'occupe de «son» fils (l'affaire Jean, si t'as suivi l'affaire en question) mais de sa progéniture et de son avenir à lui, l'électeur.

Si je gamberge pas trop, ils sont en train de monter un journal Internet entre eux, et ça presse. Le Russe orthodoxe ne boit pas de Puligny-Montrachet (que de l'eau) et ça déstabilise les deux autres grave mais pas au point de leur ôter l'envie de s'imbiber. Le jeunot les impressionne, moins par sa retenue que par les roubles de son compte en banque maison et aussi parce qu'il est pilote de course ; il a beaucoup de bijoux de famille dans le moteur. En tout cas, ça n'empêche pas le conseiller de Sarko de refaire le coup du clin d'œil à mon fiancé, très éveillé à présent, mais pas pédé ni infirme, je confirme.

De mon côté, je gère une relation amoureuse en péril, un sommelier qui ne m'a pas à la bonne et une carrière que je compte relancer grâce aux capitaux russes. Tout baigne, mon Lou, mais je vais peut-être finir mes jours dans la Seine.

Je fais venir le serveur en lui demandant innocemment si on doit envoyer chercher le docteur car la séquence de service du vin semble être perturbée. Le sommelier rapplique fissa et nous explique d'un air navré que le pétrole du riesling sur l'oxydation du homard, c'est très fâcheux et qu'on risque de ne jamais s'en remettre. Par contre, il a compris que la relation de pouvoir – y a que ça avec les Français, t'es d'accord ? – venait de s'inverser et que j'avais saisi son manège.

«Dites ? Quand un homme fait des clins d'œil à un autre homme, ça veut dire quoi dans votre pays ?», que je lui demande en souriant telle une bourgeoise cocue mais contente.

Le sommelier se redresse, jette des coups d'œil effarés autour de lui, se demande qui, quoi, quand, où, mais pas comment ni pourquoi. «La même chose que chez nous, je vois», je le rassure sans lui laisser le temps de me proposer son pinard pour humecter mon célerisotto aux truffes blanches. «La truffe est très exubérante ce soir», s'excuse-t-il. On dirait une réplique de Molière. Pour un peu, je hurlerais bravo.

Tandis que je joue aux dames avec le sommelier qui subitement cesse de me prendre pour la petite-fille de Marguerite Bourgeoys et m'explique l'histoire de chaque vignoble, le sarkozyen joue à «échec et je te mate» avec mon fiancé tout en discutant crédibilité, modernité, débauchage, gabarisation, rédac' chef, intérim, public cible, modèles payants et en terminant sur «Internet, c'est quand même plus léger». T'as raison Hervé. Et lâche mon fi-an-cé! T'es pas sur France-Flirt!

Pour ton info, mon Lou, c'est pas l'oligarque russe qui ramasse la lourde *raspiska* (traduction de 360 € x 3 + pinard et service, en roubles), c'est le bras droit qui a le bras long et l'œil clignotant.

Mon p'tit Loulou, je te sais curieux et libidineux. Je te laisse donc imaginer la suite. On a terminé ça dans une partouze du 16e arrosée de vodka. Ou on a finalement craqué pour le Krug et on appellera cet enfant Arpège. Ou encore, on a filé dans un taxi direction bois de Boulogne avec le sommelier.

Ne me remercie pas. C'est ma tournée. J'y retourne quand tu veux.          155

Joblo

# À l'école de la vie, l'expérience est le diplôme

« L'expérience est le nom que chacun donne à ses erreurs. »
Oscar Wilde

Elle n'est pas à vendre, ce n'est pas une application disponible pour votre iPhone, on ne la gagne qu'au prix du temps, des risques qu'on a pris pour prendre sa mesure ou de la guigne qui nous est tombée dessus. C'est le diplôme que la vie vous décerne pour avoir répondu « présent » chaque matin, que ça plaise ou non, sans égard pour le prestige social, le pognon ou la beauté.

Et vient un temps où il ne vous reste plus que ça, un autre mot pour « sagesse » ou « désillusion ». C'est mon droit d'aînesse, ce sont mes Légions d'honneur rien qu'à moi, mes cicatrices honorifiques, mes points Air Miles.

Alors que s'apprêtent à siéger au Parlement canadien de dignes représentants de la génération Y – dont le plus jeune, Pierre-Luc Dusseault, un ado de 19 ans, faisait la une du *Globe and Mail* la semaine dernière –, on peut s'attendre à beaucoup d'ingénuité, si on se fie à des phrases comme « Je le savais que j'allais gagner »...

Je m'intéresse beaucoup à cette génération qui me suit, celle de 1979 à 1995. Je compte quelques amitiés dans ses rangs, je ne les mets pas tous dans le même sac, loin s'en faut, mais je m'amuse à lire des ouvrages à saveur socio-psycho-comportementale les concernant.

L'auteur de *Génération Y*, Carol Allain, qualifie les X de ma génération (1962-1978) par le mot « Désenchantement » et les Y par « Séduction ». « Ils aiment s'afficher, s'affirmer et surtout... séduire », écrit-il. On leur a prêté toutes sortes

Jeune artiste fringant de 84 ans recherche projets fous pour brasser l'air du temps.
Armand Vaillancourt, intense et fougueux, échevelé et entêté.

de défauts, allant de l'irresponsabilité sociale (je faisais pire à leur âge) au refus de l'autorité et au goût des voyages à Vegas. Ce sont des consommateurs, épris de gratifications immédiates, plus pragmatiques et moins rêveurs que les générations précédentes. On les dit aussi plus intransigeants et bébés gâtés.

Même si certains prennent la formule «copier-coller» pour de l'innovation, je les trouve souvent plus finauds et beaucoup mieux informés (Web 2.0 et communication en mouvement, c'est eux) que nous ne l'étions. Moins naïfs, plus cyniques parfois, mais pour l'expérience, eh, rien ne sert de tirer sur ses cheveux gris.

### INNOVATION VERSUS EXPÉRIENCE

Les nouvelles technologies les servent bien face aux générations qui les précèdent, plus malhabiles et le cerveau encore formaté pour lire un livre de 500 pages. Mais le contenant ne fournit pas le contenu. Je n'oublierai pas de sitôt cette entrevue accordée par un Y qui consultait son BlackBerry en répondant à mes questions. «Ils font tous ça!», m'ont indiqué les membres de son équipe, tentant de banaliser son geste. C'est bien ce qui m'inquiète : la loi du nombre!

«Aucun employeur ne pourra s'effacer derrière son bureau et traduire ses intentions par son titre ou se reposer sur son ancienneté pour muscler ses propos», écrit encore Carol Allain à propos des Y.

Tiens, à ce sujet, j'écoutais en février dernier, le «Conseil des Y» à l'émission *L'après-midi porte conseil*. Tous les lundis, on peut entendre quatre jeunes très articulés – deux gars, deux filles – prendre position sur un thème. Mon préféré reste le comédien Émile Proulx-Cloutier, 28 ans.

Sur la question «Les syndicats ont-ils un avenir?», il remettait à sa place son co-Y Alexandre Forest, ce dernier prônant carrément la méritocratie et les compétences sur l'ancienneté, surtout dans les domaines humains – éducation, santé, gouvernement (!).

Les filles aussi étaient contre cette idée pétrie de clichés «des gens qui s'achètent une job avec leur incompétence» qui a donné naissance aux syndicats pour contrer l'arbitraire patronal. Le débat était lancé.

«Je préfère quelqu'un qui a enseigné à 3000 élèves et qui possède un trésor en lui qui est plus grand à quelqu'un qui a enseigné à 300!», s'est élevé Émile en faisant peut-être référence à la maîtrise de l'orthographe, le trésor d'une langue.

Il n'a pas tort. Un vieux con est toujours moins con qu'un jeune con. C'est mathématique, même si les deux restent cons.

En vieillissant, le métier de vivre s'incrustant, on devient plus intelligent. On maîtrise mieux les outils et les règles du jeu. Et tout le monde sait, depuis les travaux popularisés par le psychologue américain Daniel Goleman sur l'intelligence émotionnelle, que ladite intelligence est plurielle. Certains ont une intelligence académique, sociale, émotionnelle. D'autres ont assez d'intuition pour la faire passer pour de l'intelligence. En tout cas, ils la mettent au service de leur expérience, cocktail redoutable qui peut servir bien des vieux roublards de la politique.

## LE PRINTEMPS APPROCHE...

« L'expérience, c'est TOUT », m'a déjà soufflé le père André Barbeau qui dirige l'abbaye Val Notre-Dame (déménagée d'Oka à Saint-Jean-de-Matha).

L'âgisme est une nouvelle forme de suicide, j'imagine, un pacte avec l'oubli qui gagne en popularité chez de plus en plus de jeunes. Autrefois, le conseil des anciens apportait son expérience et le recul sur la vie en société. On consultait cette bande de sages, désormais retirés de l'action pour se concentrer sur la réflexion. C'est d'ailleurs pourquoi on dit un « jeune juge de 40 ans ». Certains postes exigent une maturité, une expérience de la vie (et une recommandation du PM) que nul diplôme ne peut supplanter.

J'ai longtemps fait appel aux lumières de mon grand-père Alban lorsque mon canot prenait l'eau. Il avait terminé une 4ᵉ année mais il était né en 1909 et il a manœuvré sa barge au sec pendant 96 ans. Sa philosophie enracinée m'aidait beaucoup. « Faut en avoir pour en perdre », « Pogne pas le "stretch", c'est pas bon pour la santé ! », « Le printemps va revenir, tu vas voir ».

Ces brèves du quotidien, en moins de 140 caractères, m'apaisaient. Je percevais dans le ton tout le poids de l'expérience qui me faisait défaut. Et je mesurais la valeur de l'héritage transmis.

En vieillissant, on voit venir de plus loin même si la myopie s'installe, on plastronne peut-être moins pour masquer son inexpérience, on sait qu'on ne transmet pas 10 % de cette ressource naturelle qui imbibe tous les proverbes du cru dans tous les pays du monde.

À 20 ans, je savais tout. À 40 ans, je doutais de tout. À 60 ans, je pourrai chanter comme Gabin : « La vie, l'amour, l'argent, les amis et les roses. On ne sait jamais le bruit ni la couleur des choses. C'est tout ce que je sais, mais ça, je le sais. »

L'auteur-compositeur-interprète Moran dans ma chambre à coucher. Spécial Saint-Valentin. *What else?*

Le tango, ma troisième langue, murmure d'un abandon. Au parc Saint-Viateur, à Montréal, Gerardo et Agata.

Luc et Lou, de la fanfare Pourpour : toujours en amour après quatre décennies de chamade.

« J'aime mieux mourir incompris que passer ma vie à m'expliquer », comme disait Willie Lamothe.

Elle est venue au petit matin, me croquer dans mon sommeil, comme une pomme. Elle s'appelait Eva, évidemment. Ma seule entrevue officielle sur l'oreiller.

# 5

# MURMURES

# Les cimes
# de la liberté intérieure

LETTRE À UNE JEUNE FEMME QUI COMMENCE SA VIE

---

«Peu de gens comprennent l'immense avantage qu'il y a à ne jamais hésiter et à tout oser.»

Didier Érasme, *Éloge de la folie*

163

Ma p'tite chatte aux pattes mouillées,

Tu viens d'avoir 25 ans, de tout plaquer ta vie d'avant, de déménager, d'abandonner une peau de serpent derrière toi. C'est la mue d'automne, le cap de l'âge adulte, celui où l'on se décide habituellement à être sérieux, à endosser un rôle, à plaire aux autres, à se plier aux conventions, à se soumettre aux peurs qui nous paralysent et aux angoisses qui tétanisent.

C'est aussi l'âge où l'on peut choisir la liberté comme compagne de route. Je ne te parle pas de ce concept à la mode qui nécessite une carte de crédit, des Air Miles, un sac à dos et une année sabbatique dans un monastère thaïlandais. Je te cause d'un espace intérieur que peu de gens visitent, un espace en rupture avec la «normalité» et qui n'appartient qu'à toi.

Ton être, ton individualité, ton unicité; à telle enseigne loge ta véritable liberté. Et tu es pleine de ça aussi. Ta marraine me demandait la semaine dernière comment je faisais pour être si «libre». Elle qui vit pourtant avec Jacques Languirand depuis plus de neuf ans m'a dit ceci : «Je n'ai jamais rencontré quelqu'un d'aussi tranché dans les extrêmes que toi.» Ce n'était pas un compliment, plutôt un étonnement, venant d'une femme plus modérée, qui apprécie l'intelligence de la folie ordinaire.

Pour la liberté, la réponse est complexe et simple : j'ai passé ma vie à m'affranchir. D'abord des parents, de la famille, les premiers censeurs de nos vies. Ensuite des profs, puis des boss, qui ne sont que des humains avec des responsabilités surhumaines. Mais tout du long, je me suis surtout libérée des autres, de leur regard, de leurs attentes. Et c'est un travail de longue haleine, qui exige de la vigilance et de l'entêtement. On ne peut pas chercher à plaire et rester libres.

Même certaines amitiés ou certaines amours deviennent encombrantes lorsqu'elles te limitent à ce que tu étais. Je ne conjugue pas au passé puisqu'il est imparfait. Je préfère rebondir au présent, vers le futur. Et tenter, tenter. Parfois l'homme, parfois le diable, parfois le destin, mais je me reposerai lorsque je serai morte. Je vis dans cette urgence, celle d'une ressuscitée. Je sais qu'elle te fascine et t'attire. Tu cherches un peu le mode d'emploi. Et c'est dans la quête que se trouve ta liberté à toi. Surtout pas dans mon mode d'emploi.

## ÊTRE VIVANT, C'EST DE L'OUVRAGE

Je suis tombée sur un livre qu'un jeune ami m'a prêté et qui a confirmé tous mes choix de vie, cet été. Les bouquins de « self-help » me font généralement autant d'effet qu'une poche de thé vert dans l'eau tiède. « Ne désespérez jamais. Faites infuser davantage », disait Henri Michaux, un de mes poètes surréalistes préférés.

Comme un poème, j'ai laissé infuser ; j'ai lu l'ouvrage trois fois depuis la fin août et te le prêterai puisqu'on ne le trouve plus qu'à la bibliothèque. *La liberté intérieure, un auto-enseignement* de la psychologue Suzanne Harvey (1992). J'essaie de convaincre l'éditeur de le republier*. Même après 15 ans, cet ouvrage s'inscrit tout à fait dans la quête actuelle d'authenticité et de vérité dont parlait mon collègue Fabien Deglise dans ce journal il y a deux semaines. Tout est là.

J'aurais pu m'économiser 10 ans de thérapie avec ce livre-là sur ma table de chevet. Tout ce que j'ai tenté maladroitement, inconsciemment et ouvertement de faire, de dire, de dépasser, se trouve dans ces pages. Pour cette psy qui semble avoir fait tomber bien des barrières pour accéder à son individualité : « Seuls les êtres exceptionnels témoignent du potentiel humain. Ce sont eux, les vrais représentants de la race humaine. Dès qu'un être dépasse la normalité, il est un surdoué, sinon un génie. D'ailleurs, l'histoire de l'humanité est surtout l'histoire des êtres exceptionnels plus que celle de l'humanité elle-même. »

En inhibant notre individualité, nous sombrons dans la névrose, médicamentée ou non. « Le névrosé éprouve de la difficulté à aimer, à ressentir, à penser,

----------

* L'ouvrage de Suzanne Harvey a été réédité sous le titre *Bien dans sa vie*.

à communiquer et à créer. Il n'est pas conscient ou si peu », écrit-elle. Elle oppose le faire et l'être. « En "faisant", nous résistons à la Vie, tandis qu'en "étant", nous n'y résistons pas. » Elle va même plus loin : « En faisant de notre vie quelque chose de futile, il nous sera moins pénible de la perdre. Nous apprenons à mourir bien plus que nous n'apprenons à vivre. »

Suivre son cœur, sa voie, ses émotions, ses intuitions profondes, choisir le moment présent, larguer les habitudes et les souffrances auxquelles nous nous accrochons, sont autant de messages à méditer. « Nous redoutons ce qui va bien dans notre vie parce qu'au fond, notre véritable sens du réel s'appuie principalement sur nos souffrances », écrit Suzanne Harvey qui pense tout bonnement que nous sommes plus grands que nos problèmes, vieille sagesse populaire. Nous offrons à ces parasites douloureux une prise continuelle dans notre présent.

Apprendre le détachement est le job d'une vie. Avec nous-même, avec les autres, nos enfants, nos amours, nos échecs, même nos valeurs qui ne sont bien souvent que des preuves d'amour fournies à notre entourage, à la société. Pour être aimés davantage. Pour ce que nous ne sommes pas, en plus ! Un marché de dupes.

## LE SYNDROME COTONNELLE

En nous offrant le luxe d'être nous-mêmes, libres, ouverts comme le grand livre de Fanfreluche, nous donnons à tous la possibilité de l'être aussi. Chacune de nos libérations personnelles est un allègement pour l'ensemble des êtres qui nous entourent.

Grâce à mon métier et mes prédispositions naturelles pour la marginalité, j'ai rencontré quantité d'êtres libres dans ma vie, tu le sais. Ils m'ont tous permis de me libérer encore davantage. De mes peurs, surtout. Et j'y veille chaque jour. Plus j'ai peur, et plus j'y vais. Parce que je sais pertinemment que les réponses se trouvent de l'autre côté de cette peur, qui n'est qu'un paravent mis en place par l'esprit. L'inconnu est mon salut.

La semaine dernière, on m'a invitée à être la porte-parole d'un treck pour les femmes, la paix et le développement au Népal. Grimper l'Himalaya, moi ! J'ai un peu peur. J'ai dit oui tout de suite. Je risque de manquer d'oxygène et de Cotonnelle, mais je sais que je vais trouver là une partie de moi, dans ces femmes, ces rencontres, la disponibilité, l'humilité, dans cette expérience humaine et sportive, en altitude.

Rien à voir avec les Air Miles dont je te parlais au début. Plutôt, une ascension personnelle. « Il est bon de suivre sa pente, pourvu que ce soit en montant », disait Gide. Et j'aime sortir de ma zone de confort, me provoquer. Ma liberté triomphe là aussi. Dans ce que je ne croyais pas pouvoir être, décoller les étiquettes, une à une.

166

La liberté, celle qu'on nous vante comme un Jacuzzi en paiements différés après 50 ans, n'est qu'un leurre, une autre prison. Si tu savais combien de gens j'ai vus mourir dans la geôle du confort. Ta liberté à toi mérite d'avoir 25 ans toute ta vie, insoumise à mort. C'est une posture intérieure non violente, courageuse, parce qu'elle se bute aussi à la solitude et à l'incompréhension, au jugement d'autrui.

« J'aime mieux mourir incompris que passer ma vie à m'expliquer », disait Willie Lamothe. L'important, c'est que tu finisses par savoir qui tu es. Grimpe des Himalaya, parle, ose, avoue, crée, danse, tombe, chante du country (c'est bourré d'humilité), sacre, bois de l'amaretto-7-Up (Seigneur, comment tu fais ?), t'économises surtout pas, et aime, aime. Les autres et toi, d'abord. L'amour est une formidable liberté lorsqu'on sait que rien ni personne ne nous appartient. C'est l'envol que je te souhaite.

Ta mentor émue de ta mue,

Josée

# Jour sein

## L'INTIMITÉ FAITE CHAIR

----------

« Dans tes bras, toujours dans tes bras clos, j'affluerai
Le lait par qui surgit le doux globe azuré,
Le lait tiède, où subsiste une odeur animale

De femme; et comme un prêtre en prière aux lieux saints
Je boirai ton sang d'ombre avec ta chair d'étoile
Sous l'espèce du lait consacré dans tes seins. »
    Pierre Louÿs, « Le lait », *La femme*

J'ai réalisé que j'étais une mammifère le jour où monsieur B., la chair de ma chair, a mis mes seins à contribution. J'ai aussi compris que j'étais plus proche de la Vierge Marie que je ne l'imaginais. De décoration et accessoires du temps des Fêtes, mes seins sont devenus des citernes à débit contrôlé, une dose de réconfort, un puissant somnifère, deux poires pour la soif. De toutes les joies de la maternité, celle-ci n'est pas sans apporter son lot de douleurs et de frustrations, mais rien qui égale la fierté de savoir qu'on pisse la vie par les deux bouts. Un, c'est bien, deux, c'est mieux, et trois, il faudrait trois mains.

Curieusement, j'étais plutôt tiède à l'idée de servir de garde-manger; je n'ai jamais milité pour la ligue La Leche et l'idée de la « maternité douce » ne m'attendrissait pas outre mesure. Celle du tire-lait me transformait en vache folle. Meuhhhhhh! C'était avant de découvrir ce lien invisible entre une mère et son nourrisson, avant de renouer avec une fonction tellement viscérale qu'elle remplace tous les autres besoins d'affection, y compris ceux du chat et du papa. Depuis que j'allaite, je n'ai plus aucune autre réserve de tendresse. Plus de temps non plus : de huit heures par jour les premiers mois, j'y consacre encore quelques heures matin et soir ! Et le client est exigeant : on ne peut rien faire d'autre sous peine d'être rappelée à l'ordre. Ne reste qu'à méditer et jouir du moment présent.

Ce temps volé à aimer en silence, je le porterai en moi jusqu'à ma mort. Ce temps de peau, de succion, de lèvres humides, de regards saouls, de goutte de lait qui roule vers le menton, cette petite main qui s'accroche, cette parenthèse de confiance et d'abandon, de rots qui délivrent, je l'emporte au paradis comme un souvenir entre l'écrin de mes deux seins. Prière de ne pas déranger.

## L'OR BLANC

*Neuf mois de sang rouge, neuf mois de sang blanc*, dit le dicton africain. Après l'or noir qui vient des entrailles de la terre et l'or bleu de celles du robinet, l'or blanc est assurément une richesse naturelle peu exploitée. J'ai songé à fabriquer des savons bios au lait de maman une fois que monsieur B. sera sevré. « Blanchette lave plus blanc », le produit est déjà breveté, vous en trouverez chez Renaud-Bray. J'ai aussi pensé à des fromages de lait cru ; j'ai déjà une liste d'attente de restaurants intéressés et je n'ose imaginer la fortune que je ferai sur eBay. Ne faites pas la grimace, vous buvez tous les jours du lait de vaches que vous ne connaissez même pas par leurs prénoms.

Deux fois plus sucré, le lait de mère est une des rares ressources non taxables (pas encore), un peu comme l'air et les pensées. Lorsque j'ai surpris ma copine Bibi, le corsage dégrafé et mon B. majuscule pendu à son sein comme un traître, j'ai compris qu'on devrait remettre ces échanges de bons procédés au goût du jour. Dans la religion musulmane, deux enfants nourris par la même nourrice deviennent automatiquement des « frères de lait » et ne peuvent se marier entre eux.

Je songe à étendre mes activités et à offrir les services de nourrice sur appel, comme ça se faisait au Moyen Âge. Les métiers de nourrice, de pute et de mère sont les plus vieux du monde ; il n'y a pas de raison pour que les putes soient mieux payées que nous. À Sumer, en Mésopotamie, le Code de Hammourabi (1850 av. J.-C.) réglementait déjà la pratique des nourrices à qui on coupait un sein si elles n'étaient pas obéissantes ; c'est vous dire comme on tenait pour précieuses ces réserves de lait gratuites.

Toutes ces activités parallèles me permettront de répondre à la question que je me fais poser cent fois par semaine depuis six mois : « Quand vas-tu arrêter d'allaiter ton fils ? » La réponse se situe quelque part entre « Quand les poules auront des pis » et « Quand mon fils n'aura plus soif ». Notez la terminologie employée : on ne demande pas à la mère combien de temps elle compte poursuivre l'allaitement. On lui demande quand elle va « s'arrêter ». Les pédiatres recommandent un an, l'OMS, deux ou plus. Et rappelons qu'avant l'arrivée massive du biberon, les Chinoises

allaitaient très souvent jusqu'à 5 ans, les Lapones jusqu'à 3, les autochtones des îles Carolines jusqu'à 10 ans et les Esquimaudes jusqu'à 14 ou 15 ans.

La société québécoise est encore bien endoctrinée par Playtex et ne tolère pas tellement ces exhibitions mammaires à répétition, car les seins sont avant tout perçus comme un joujou pour adultes. J'ai exhibé les miens devant les marches de l'oratoire et dans le bureau du père dominicain Benoît Lacroix, ils sont bénis entre tous les saints. Depuis six mois, je me tâte les glandes en public sans aucune arrière-pensée. J'ai perdu toute inhibition : la fonction prime sur l'organe.

## MONTÉE DE LAIT

« Garde tes seins, ça pourrait resservir », m'a conseillé un ex qui considérait l'allaitement comme un phénomène arriéré tout juste bon à servir les besoins des pays en voie de développement. Beaucoup d'hommes jalousent l'attachement au sein et rêvent secrètement d'une tétée supplémentaire. Je ne compte plus les demandes déguisées ou non pour goûter à mon lait. Un vieux fantasme, sans doute. Ou alors ils ont vraiment compris que c'était meilleur pour la santé.

Cela dit, les Québécoises allaitent peu, même si les plus scolarisées ou issues de milieux favorisés s'y remettent. Soixante-douze pour cent des bébés sont nourris au sein à la sortie de l'hôpital et il faut voir comment certaines infirmières encouragent encore l'emploi de substituts tout en décourageant l'allaitement parce que « c'est fatigant ». Cinq mois plus tard, il reste trente-quatre pour cent de têtards, selon l'Institut de la statistique du Québec, et la plupart ont abandonné la partie dès les premières semaines. L'attitude du conjoint et de l'entourage est déterminante. La mère allaiterait quatre mois de plus lorsque le climat est favorable autour d'elle.

Le docteur Marcel Rufo (ce pédopsychiatre français qui est venu faire le guignol au Québec cet hiver) peut aller servir son discours anti-allaitement et « autonomie du bébé » aux Françaises qui ont peur d'abîmer leurs nichons et aux Français qui ne supportent pas l'idée de devoir les partager avec leurs gosses. Parfois, je me demande si nous sommes à ce point à court de cons pour que nous ayons besoin de les importer. Tout ça me stresse et mine ma confiance en moi-même, deux éléments néfastes pour la production de lait.

Le mot de la fin, je le laisse à Flavie, quatre ans, qui m'a regardée allaiter monsieur B. à maintes reprises avant de me demander le plus sérieusement du monde : « Est-ce que c'est du lait de vache ou du lait de soja que tu lui donnes ? » Du lait de maman, Flavinou, et, à Pâques, ça devient du lait au chocolat.

T'es d'accord avec moi, Dieu doit bien exister quelque part !

# Bonté divine

## 24 HEURES AU COUVENT DES DOMINICAINS

————————

« Je ne regretterai jamais cette formation monastique antique faite de rites quotidiens et d'une liturgie étapiste, elle aussi, répétition d'alternance, d'action et de contemplation, de travail et d'oraison. »
Benoît Lacroix, *Que viennent les étoiles*

Je me suis infiltrée à force de pots de confitures à la rhubarbe et de visites ino-pinées au fil des ans. J'avais émis le souhait d'y séjourner une semaine comme écrivaine en résidence ; ils m'ont accordé 24 heures, un miracle. Ou du moins, une première dans leur histoire. Qu'une femme dorme entre les murs du cou-vent des frères dominicains Saint-Albert-le-Grand, c'est un peu comme faire entrer le loup dans la bergerie ou la bergère dans l'aumônerie.

Mais il en faudrait davantage pour démonter ces 34 frères de 30 à 97 ans qui vivent en communauté depuis 1873 au Canada et depuis 1960 au 2175, chemin de la Côte-Sainte-Catherine à Montréal.

Le père Benoît Lacroix, mon vieil ami nonagénaire, supervisait mon séjour d'un point de vue moral. Grand apôtre de la liberté et de la pensée pluraliste, le patriarche des dominicains s'amusait d'avance à l'idée de voir une athée confir-mée partager leur quotidien et rencontrer ses frères de l'ordre prêcheur (o.p.).

En 24 heures, pas un qui ait tenté de me convertir, même pas au vin de messe. Au XXIe siècle, on prêche par l'exemple, il faut croire. « La foi intelligente, c'est une foi qui réfléchit, qui doute, qui interroge, me glisse le père Lacroix. C'est pour ça qu'on rejoint encore les gens aujourd'hui. »

En effet, l'ordre attire les nouvelles recrues, dont quatre dans la vingtaine qui étudient au collège des dominicains à Ottawa. Christian, un frère colombien, vit parmi eux à Montréal depuis 5 ans et n'a que 30 ans : « Ici, je suis jeune mais lorsque je retourne au couvent en Colombie, je suis le vieux père missionnaire

« La foi,
c'est l'appel
au mystère.
J'adore
le mystère. »

Benoît Lacroix

qui vit avec les Esquimaux!», rigole le frère. Christian a d'abord choisi la vie en communauté avec des hommes qui pourraient être ses grands-pères. «Ce sont des hommes qui ont bien vieilli, en paix, pas du tout angoissés», dit-il. Il faut partager leur vie, entre repas au réfectoire et prières à l'église, pour constater à quel point la franche camaraderie et les taquineries bon enfant tiennent toute la communauté sur le pied d'alerte, chacun se piquant gentiment au passage avant de s'éclipser sur un sourire complice.

«Pour être dominicain, il faut aimer étudier, prier, parler et… rire», résume le frère Rick.

## 24 HEURES DU MOINE

Ils ont fait vœu de pauvreté, de chasteté et d'obéissance, mais ils n'ont pas fait vœu de silence. Ni reclus, ni austères, les frères dominicains vaquent toute la journée après la messe matinale publique (7 h 30), les chants et l'adoration du Seigneur. Entre laudes et vêpres, leurs occupations les séparent temporairement, portés vers l'enseignement, la pastorale, les visites aux paroisses, l'assistance aux malades et au chevet des mourants, le soutien de cercles de prières d'hommes d'affaires à Longueuil ou de handicapés à Laval, les conférences, baptêmes, mariages et funérailles, sans compter le petit jogging pour tenir la forme.

Les frères offrent également une écoute généreuse à qui le demande et en éprouve le besoin. Leur ruche déborde d'activités et leur travail est aussi anonyme qu'invisible, jamais publicisé. Il faut les voir s'enfarger dans l'humilité lorsqu'on braque l'attention sur eux. Les dominicains n'ont pas l'habitude des éclairages violents ni d'être singularisés. Leur altruisme communautaire détonne dans une société devenue profondément individualiste.

Même si plusieurs frères ont pris leur retraite de l'enseignement (la faculté de théologie est à deux pas), nombreux sont ceux qui continuent à faire du bénévolat. Dominique, le frère buandier, passe deux jours par semaine à la Maison du Père et les autres à laver et repasser des tuniques blanches en compagnie de ses sept canaris en cage. Plus humble que cet homme au sourire d'une douceur angélique, tu te réincarnes en lampion d'église.

Les dominicains s'affairent en retrait de la société mais y collaborent activement. Et ils vivent en communauté tout en préservant leur solitude et le recueillement, en prière ou en lecture dans leur chambre. «Je vis ici depuis 17 ans, me souligne le frère Rick, 40 ans, et je n'ai jamais visité plusieurs des chambres de mes frères.» Leur chambre demeure un lieu secret où loge leur intimité, où sont enfermées leurs uniques possessions. Même pas une salle de bain privée à eux, qu'un lavabo et un miroir où se toiletter. Le mobilier est resté intact, le décor vintage également. Micheline Lanctôt y a tourné une partie de son film *Pour l'amour de Dieu*, sans avoir à investir de budget dans la reconstitution historique sixties.

## BÉNIE DES DIEUX

« Les clés du paradis », m'a annoncé Clyde, le frère portier, en me tendant les clés du cloître à mon arrivée. Il avait mille fois raison. Une fois la porte passée, on accède à une tout autre réalité.

Trente-quatre vieux garçons érudits retirés d'un monde agité, ça peut créer une dépendance. Je m'en confesse, j'ai songé à une demande d'asile politique dans la quiétude d'un couvent à l'architecture magnifique, bénie des dieux.

À mon aise, j'ai pu confesser quelques frères (c'est mon métier, à moi aussi), ai eu un accès privilégié à leurs histoires personnelles. Celle d'Yvon Pomerleau, 72 ans, n'est pas banale. Collectionneur de BD sur l'image du Noir dans l'imaginaire européen (il en possède 1328), Yvon a vécu 25 ans au Rwanda.

« On renonce à la dimension du couple en devenant dominicain. Mais je n'ai pas tout à fait renoncé à la paternité », me confie cet homme à la bouille sympathique qui a adopté le garçon d'un ami décédé et qui est aujourd'hui le fier grand-père de deux petits-enfants rwandais. « Ça, ce n'est possible qu'en Afrique. Ici, non… », se désole le frère en me parlant de la méfiance développée à l'endroit de tous les religieux en raison des nombreux scandales sexuels liés à l'Église.

174

Très pudiques, les frères se laissent rarement aller à de tels épanchements, même entre eux. Leur vie est d'abord axée vers l'autre. « On redonne ce qu'on reçoit, m'explique Benoît Lacroix. Et ce qui distingue les dominicains, c'est l'amour des études. Donc, on redonne beaucoup aux étudiants. » Le centre étudiant (café et Wi-Fi gratuits) porte d'ailleurs le nom de cette figure emblématique et médiatique du couvent.

La bibliothèque du couvent – une des plus importantes collections privées du genre, 100 000 livres sur tous les sujets, même les dysfonctions sexuelles ! – est également pourvue d'une salle d'études au silence pieux chargé par l'odeur de vieux livres. Le père Lacroix, du haut de ses 97 ans et à titre d'ancien directeur de l'Institut d'études médiévales, est certainement le client le plus assidu, m'a confié le bibliothécaire, Patrick, 35 ans, un archange aux cheveux longs qui régule les entrées et sorties, les dons et les achats. Si j'avais su que les chevaliers pouvaient surgir d'alcôves poussiéreuses portées sur le latin, j'aurais fait un doctorat en histoire médiévale avec le père Lacroix comme directeur de thèse (et Patrick comme pusher de livres).

En revanche, je m'estime privilégiée d'avoir pu côtoyer ces hommes de paix, d'humour et de lenteur, figures oubliées de notre patrimoine vivant. Au-delà des murs hospitaliers, j'ai engrangé en 24 heures plus de douceur et

*En compagnie de mes « frères » dominicains et du père Lacroix. J'ai demandé l'asile politique, sans succès.*

d'innocence que je n'en rencontre en une année. En ressortant du couvent, j'ai eu la gorge serrée tout l'avant-midi, incapable de me faire à l'idée que je quittais cet univers suintant la bonté pour renfiler une armure lourde à porter. J'ai songé aux moines de Tibhirine...

Ovila, Yvon, Henri, Rick, Bruno, Dominique, Jean-Louis, Christian, Clyde, Benoît, tous autant que vous êtes et au risque de vous faire rougir : « *Amor patitur moras.* » L'amour est patient. J'attendrai le paradis.

# Post mortem

## L'HOMICIDE DE SOI EST UN TUEUR EN SÉRIE

———————

On m'avait annoncé que je ne décolérerais pas à son endroit. Les suicidés ont toujours tort ici-bas. On avait oublié de me dire que je porterais plutôt ce départ planifié comme une couronne d'épines. Un linceul de tristesse s'est abattu sur mon regard azur. D'un seul coup l'horizon s'est voilé. Le 13 avril, c'était hier. Et la douleur, un éperon au flanc, est aussi insupportable aujourd'hui. Le suicide n'est pas une mort ordinaire, ni même annoncée. Il surprend toujours, même ceux qui s'emploient à désespérer.

Le suicide est une épidémie, un legs maudit. Mon père, ce héros de tous les jours, m'a laissé le choix des armes en héritage. On n'est jamais si bien mort qu'avec un revolver à ses pieds. Médecin, urgentologue à ses heures, et témoin de mille tentatives ratées, mon père m'avait toujours dit qu'il n'y avait que deux façons de se supprimer. Il a choisi la première. Un ticket aller en première classe. C'est le prix à payer pour vouloir arriver au ciel avant son heure.

À sa suite, un effondrement, une dévastation de l'intime. Nous sommes dépossédés d'une pérennité, d'une histoire qui aurait pu se terminer de mille autres façons dans ce qui fera désormais partie de la légende familiale. Immuable, irrévocable, irréversible, en trois mots comme en mille, ce départ est une béance, un amour qui finit très mal. Même la grosse plante verte, près de la terrasse où mon père a tiré sa révérence, a perdu toutes ses feuilles en deux jours. Elle a assisté au drame, n'a rien pu faire pour retenir le geste. Cette plante a subitement sombré dans une mélancolie définitive qu'aucun antidépresseur n'aurait pu ranimer. Mon père non plus, du reste, abonné au Vitagro depuis tant d'années. Rien ne le raccrochait plus à cette vie qu'il avait tant aimée, épousée. Ni son regard bleu d'optimisme dont je m'ennuie comme une héroïnomane en sevrage, ni son feu sacré, ni son énergie combative qui s'est retournée contre lui.

*« Les échecs de ma vie, mes soirs de Waterloo, les remettre à mon fils quand il aura seize ans. » (Bécaud)*

## FAIS CE QUE DOIS

Il a laissé la porte entrouverte derrière lui. Depuis, je grelotte. Tous les suicidés nous rappellent à eux. La contagion des suicides, comme celle du cynisme, est indéniable. On dit qu'il « court » dans certaines familles car il galope toujours dans la tête de ceux qui restent. Le suicide devient une solution possible, un appel du large, il fait partie des naufrages à éviter. On pourrait même parler de curiosité morbide pour ceux qui entretiennent une vision romantique de leur finitude.

« La consolation que peut apporter un suicide élargit à l'infini le royaume de nos souffrances. Existe-t-il richesse plus grande que le suicide que chacun de nous porte en lui ? », écrit Cioran. Le risque d'embrasser cette consolation d'un peu trop près est de 30 fois plus élevé chez les personnes dépressives que dans la population en général. Et si deux fois plus de femmes font des tentatives de suicide, les hommes arrivent à leurs fins deux fois plus nombreux, car ils savent s'y prendre en matière de rupture.

Les spécialistes de la suicidologie me font sourire avec leurs listes de signes précurseurs. Ils brandiront l'isolement, la consommation abusive d'alcool ou de médicaments, le désinvestissement scolaire ou professionnel et la dépression comme anomalies de l'humeur à scruter. Certains suicidés flirtent à voix haute

«Dans le noir, dans le soir sera sa mémoire

dans ce qui souffre, dans ce qui suinte

dans ce qui cherche et ne trouve pas

dans le chaland de débarquement qui
        crève sur la grève

dans le départ sifflant de la balle traceuse

dans l'île de soufre sera sa mémoire. [...]»

Henri Michaux, «Qu'il repose en révolte»
in *La vie dans les plis*

avec leur finalité, d'autres non. Le printemps est également une belle saison pour se pendre, juste avant que les bourgeons reviennent nous narguer.

Mais on ne parle jamais de la sérénité du suicidé. Ces derniers moments où, la décision étant prise, l'aspirant au suicide déguste son dernier repas, regarde un dernier film à la télé en silence, embrasse sa femme tendrement et lui dit « je t'aime » pour toujours. On ne dit pas ce calme avant la tempête de celui qui sait où repose l'éternité. Comme remède à l'angoisse et à la désespérance de vivre, désolée, on n'a pas trouvé mieux que la sainte paix.

La maladie mentale est impitoyable, surtout lorsqu'elle s'abat sur un homme décidé. « Le suicide est toujours une grave erreur de jugement », m'avait dit le psychiatre Paul Sidoun après le suicide de mon père. Lui-même avait perdu cinq patients de cette façon. Il se rappelait leur nom et la date, très exactement. Les psychiatres vivent le suicide de leurs patients comme une faillite personnelle. Ils s'en remettent ou non. Sidoun, lui, s'en remettait à Dieu.

## LES MOTS D'ADIEU

J'aurais souhaité pour nous tous une lettre d'adieu, des mots d'amour, un peu de baume pour atténuer la culpabilité et la honte qui sont désormais notre lot. Mon père était homme de lettres et de mots, mais nous n'avons eu droit qu'à l'évidence et aux suppositions sous le soleil aveuglant d'un matin de printemps. Enceinte de quatre mois, j'ai bien cru noyer mon B. dans les larmes. Il a appris à nager contre le courant. Moi aussi, du reste.

J'ai fini par deviner que mon père faisait partie du lot des suicidés lucides qui estiment que leur départ soulagera l'humanité, qui se perçoivent comme un boulet et tentent par tous les moyens d'améliorer leur situation et celle des leurs. Il ne saura jamais à quel point il nous a fait crever de chagrin.

Préparez vos mouchoirs. J'ai lu tant de choses sur le suicide des jeunes. Mais les baby-boomers forment une clientèle particulièrement à risque puisqu'ils acceptent difficilement le vieillissement, sa misère morale et physique. Ils préfèrent quitter la scène encore nourris par les applaudissements comme de vieux beaux aux ego préservés.

Le suicide nous prive de la consolation des derniers mots et des derniers regards échangés en toute connaissance de cause. Si j'avais su qu'un matin du mois de mars, l'homme assis au bout de mon lit regardait sa fille livide au ventre gravide pour la dernière fois. Si j'avais su, j'aurais mesuré toute l'amplitude de mon impuissance. Quoi qu'on dise ou fasse, on ne peut pas tenter grand-chose pour empêcher un homme de disposer de sa vie. On appelle ça l'ultime liberté, je crois.

Au fait, ça se traite la liberté ?

# La rentrée, la rentrée...

## ET JE CHERCHE ENCORE LA SORTIE

————

«Un enfant, c'est le dernier poète d'un monde qui s'entête à vouloir devenir grand.»
Jacques Brel

Ta menotte vrillée docilement dans la mienne me confie tes appréhensions muettes, à l'image de la petite boule que tu portes au fond du ventre. Nous sommes partis affronter la bête, la rentrée. Notre promenade tonique matinale reprend. Nous emboîtons le pas à la marche du monde. Et nous le refaisons en 20 minutes, à discuter de tout, surtout de rien, à échafauder des gâteaux d'anniversaire décadents, à admirer tes dérapages en trottinette, à imiter les sketches des Inconnus, cette bande de joyeux tarés, que tu connais par cœur.

Je te donne du «Hé patate! Tu la bouges ta caisse?», avec l'accent marseillais, devant la bagnole qui bloque l'accès au passage piétonnier et nous rions, complices. J'appellerai la police demain. Encore. Au lieu de lui crever ses pneus.

Au final, l'école n'est peut-être qu'un prétexte pour se tirer du lit et rigoler en chemin, te donner des leçons de civisme et d'actions terroristes socialement acceptables ou t'entendre me dire: «Mouammar Kadhafi, c'est un méchant mais Jack Layton, c'est un bon bonhomme.» Dans la même phrase, ça donne un autre sens à la démocratie, même déguisée.

L'été nous aura soudés, dans la langueur de ses réveils en douceur, léchés par les vagues, rafraîchis par un ruisseau. Nous avons cultivé un talent indécent pour laisser filer le temps dans le sablier, nous bécoter, grignoter mille gourmandises, découvrir les chouquettes, nous faire des chatouilles, t'acheter ta première montre à cadran et oublier l'heure.

Un été à cru sur la croupe d'un cheval fou, un été d'insouciance, à se tricoter serrés... et nous voilà déjà repartis chacun vers nos horizons aussi prometteurs que fuyants. Rentrer dans les rangs est un exercice violent après avoir goûté au miracle des framboises noires qui s'offrent aux plus hardis, à l'émouvante beauté des foufounes à l'air, au beurre qui fond sur l'épi, à la lumière aoûtée qui caresse nos petites joies si éphémères. Et je suis une fée mère ; un autre de tes calembours de l'âge de raison.

## L'ÉCOLE EN ROULOTTE

— J'ai mal au ventre, maman…

— C'est l'anxiété.

— C'est quoi, l'anxiété ?

— Un mélange de peur de l'inconnu et de réalisme. On était dans notre cosse, comme des petits pois, durant tout l'été, et la réalité vient de nous rattraper. C'est ça, la rentrée ! Et pourtant, on savait bien que la liberté, c'était notre plus grand luxe, un prêt temporaire. Ta liberté, c'était aussi la mienne. Et lorsque tu la perds, je la perds aussi.

— Toi, est-ce que tu avais l'anxiété avant de commencer ta 2ᵉ année ?

— Je n'ai pas eu de 2ᵉ année !

— Ça n'existait pas ?

— Oui, mais je l'ai sautée ! J'allais à l'école dans une roulotte ; la première et la deuxième étaient dans la même classe. Alors, quand madame Suzanne avait terminé avec les premières, elle s'occupait des deuxièmes. Et moi, j'enregistrais tout ce qu'elle disait.

Émilie Bordeleau, sors de ce corps ! Tu me regardes comme un pianiste examine un harmonium, en se demandant si les pédales fonctionnent toujours. Et je ne vais pas te raconter que j'ai appris à écrire avec une plume, un encrier et un buvard, sur des pupitres doubles en bois. Et l'ardoise… Nous sommes loin du iPad et des écrans blancs.

Je t'ai déjà dit qu'on nous tapait les fesses devant toute la classe pour une bavure dans le cahier d'exercices ? C'était chez les Français, avant la roulotte. J'aime bien m'en vanter, mais j'étais terrorisée. Ça, c'était de l'anxiété au carré.

Ce matin, les parents aussi ont la boule, mais nous ne disons rien. Certains sont soulagés, d'autres résignés. J'ai entendu le mot « routine » quelquefois. Cet été achevé s'étiole avec une lassitude qu'arrivent à peine à ranimer nos indignations quotidiennes devant les bouchons, les morons, les totons, les non-sens et tous les contresens de l'existence.

Loin derrière nous, nous avons abandonné Robin des Bois dans sa forêt de Sherwood (une leçon de social-démocratie offerte par Geronimo Stilton) et Achille Talon à ses aventures, ta première incursion sérieuse dans les dérobades du langage et l'anarchie délicieuse des rodomontades. Dans un instant, les fraises chantilly et mon thé glacé à la menthe sauvage ne seront plus qu'un lointain souvenir. Tout ça fera partie de l'été de tes sept ans.

## TA CASQUETTE, TES BASKETS, TA TROTTINETTE

Est-ce que tes potes L. et I. vont être dans ta classe ? LA grande question angoissante. Pas de veine, mon vieux. C'est à croire qu'ils l'ont fait exprès. Séparer les trois mousquetaires, faut le faire ! Comme disait le papa de N., la ligne entre le sadisme et la pédagogie s'avère parfois bien mince. En témoignent les quelques enfants qui sanglotent, même des grandes de 5ᵉ, dans la cour d'école de ce matin frisquet de rentrée.

Tu as encaissé avec beaucoup d'élégance, sans effusion de larmes ni de sang. Je me suis dit que tu t'en sortirais. J'ai eu envie de te réciter le poème de Kipling, *Tu seras un homme, mon fils*. Mais bon, c'est un peu solennel pour une rentrée.

« Y a pas de soucis », comme tu dis en imitant les Français. Je me demande pourtant comment tu feras pour être sage et appliqué durant toutes ces longues heures et comment tes petites gambettes vont s'habituer à ne plus gambader partout. L'école n'est pas faite pour les mecs. À preuve, y en a le tiers qui décrochent avant leur premier diplôme.

Quant à toi, tu t'accroches. Tu deviens un grand, avec tes toutous et tes tags, un tas de contradictions. Chose certaine, je sais que nous reprenons nos rôles, toi élève, moi parent. Le canard nasille, le chameau blatère, la gélinotte glousse et le coucou coucoule. Le parent répète. Et toi, tu me racontes ta blague de « Pète et Répète » en t'imaginant que je ne connais pas l'entourloupette.

Je m'éloigne de la grille, le cœur broyé. Je te laisse à ton monde où je ne suis plus qu'un point de repère dans le firmament d'un tableau noir. Tout un été à se donner du peau contre peau, et nous voici, désormais séparés par une grille, comme des poules sans tête.

Je ne saurai plus rien de ce qui t'anime et te déchire. Je t'emmerderai avec mes questions. J'aurai droit à un soupir, au mieux à « C'était correct, m'man... qu'est-ce qu'on mange ce soir ? ».

Je me raisonne ; c'est aussi cela l'amour. Quelque chose d'inséparable qui se sépare.

# Lettre au père Noël

## (ET SI VOUS N'Y CROYEZ PLUS, TANT PIS)

---

« L'enfance c'est de croire qu'avec le sapin de Noël et trois flocons de neige toute la terre est changée. »
André Laurendeau

Cher père Noël,

Je ne sais pas si vous recevez les mêmes missives que moi, mais je suis certaine que vous parcourez des catalogues de Noël idoines, feuillets publicitaires obèses et navrants, pétris de bons sentiments dans l'allégresse des flocons artificiels, lissant l'imaginaire, criant notre abonnement au luxe et à l'inutile légèreté de l'être.

En cette période de mélange des genres, les librairies font leur beurre avec des cuiseurs à brie, des tapis de yoga, des jetés en acrylique, des bouillottes (!) et des canards antidérapants pour la baignoire. Les pharmacies nous refilent des moules à gâteaux en forme de suçons (« Dis oui, maman ! Je l'ai vu annoncé à la télé ! ») et des jeans (« one size fits all », à côté des bas de nylon) ; on ne se formalise pas des étiquettes, l'important c'est d'y croire.

Croire que ça fera plaisir, que ça chassera la grisaille, que cela attisera les braises de l'amour, que l'économie refleurira comme un poinsettia orgueilleux, qu'on aura un Noël blanc malgré les Verts, que tout ne va pas si mal si on laisse MasterCard s'en occuper à 19,9 % d'intérêt par mois.

Père Noël, moi qui utilise le même limonadier depuis 30 ans – un banal objet promotionnel offert par monsieur Frascati lorsque j'étais serveuse –, j'en ai aperçu un dans le supplément cadeaux d'un journal : « Classique, beau comme tout avec son acier brossé et le bois de son manche en ébène, sa lame microdentée aura raison des bouchons les plus récalcitrants. » Six cent vingt dollars pour un tire-bouchon Laguiole. Il y a des lames plus assassines que d'autres.

*À l'accueil de Radio-Canada, le père Noël s'appelle Robert et il distribue des cadeaux toute l'année.*

Dites-moi, père Noël, pourquoi est-ce qu'on fabriquerait des bouchons récalcitrants alors que de plus en plus de gens n'ont plus les moyens de se payer autre chose que des bouteilles munies d'un bouchon dévissable des plus affables ? Et les autres, je veux dire ceux qui ont glissé dans le négoce du pot-de-vin et l'argent liquide, feront sauter les bouchons de bulles dans l'allégresse du pop.

Vous êtes d'accord avec moi, vous distribuez de la futilité suremballée à tout-va alors que l'homme et ses petits se meurent de substantiel et de sens. Je ne l'invente pas, je reçois chaque jour de ces lettres envoyées comme des bouteilles à la mer, n'espérant rien, ou si peu, en retour, qu'un écho sympathique ou un silence complice. Comme à vous, les gens m'écrivent. Et je ne suis même pas la fée des Étoiles, une simple diseuse de bonne aventure.

### CHÈRE JOBLO

Père Noël, je vous achemine leurs demandes qui n'en sont presque pas, des murmures de désirs, du malaise qui filtre, une plainte inaudible si vous ne faites pas taire vos carillons. Ils n'auront peut-être pas pensé à vous écrire, les uns s'imaginant trop vieux, les autres ayant perdu la foi.

Dans ces lettres parfois fort remuantes, il y a un vieux pataphysicien septuagénaire, le merveilleux père Veilleux, qui fabrique des jouets mécaniques dégingandés, des œuvres mues par une créativité délirante et autopropulsée, pétaradant l'absurde dans un atelier poussiéreux de la rue Papineau. Il se cherche un mécène pour Noël ; qui n'en voudrait pas un ? Du genre qui s'achète un tire-bouchon Laguiole et l'oublie dans le fond du tiroir.

Toute l'œuvre du père Veilleux – qui occupe 3000 pieds carrés –, issue de nos surplus et de détritus, va retourner à la poubelle si vous ne faites rien. Je dis ça comme ça, vous qui êtes l'un des plus grands promoteurs du gaspillage au monde...

Dans un tout autre registre, il y a cette lettre touchante de M qui me parle des dessins de revolvers que fait l'un de ses élèves à l'école, de son amie qui a perdu un de ses jumeaux dans son ventre mais a dû attendre l'accouchement pour vivre la joie et la peine dans la même livraison, du concierge qui a été emporté par une bactérie mystérieuse, du père d'une collègue qui vient de se suicider, du directeur adjoint qui a succombé à son cancer, de son vieux matou qu'elle a dû euthanasier et des parents en détresse devant les ados en chamaille qui l'implorent de les aider. «Comment faire pour trouver la lumière dans cette noirceur ?», me demande M.

Vous comprendrez, père Noël, que je m'en remette à votre expertise céleste.

Et il y a N, qui se bat contre le cancer, encore trop jeune pour nous quitter. Les traitements ont provoqué une œsophagite et elle ne peut rien manger pour l'instant. Ses fantasmes ressemblent à un souper de Noël cuisiné par sœur Angèle. Et son plus beau cadeau, croyez-le ou non, ce ne sont pas les cadeaux qui l'attendront sous le sapin, non. C'est le ciel bleu qui l'émeut : «Je retrouve la capacité d'émerveillement de l'enfant et ça, c'est un cadeau de la maladie...», m'écrit-elle.

Chez nous, père Noël, la petite phrase philosophique qui fait ravaler tous les malheurs dans un sursaut d'optimisme, c'est : «Y a toujours un cadeau !» Je vous l'offre, tiens.


## LE CADEAU EMBALLANT

Si les maladies font des cadeaux, père Noël, je me suis dit qu'à quelque chose malheur est bon et que le ministre de la Santé va finir par nous taxer selon la gravité de notre état.

Vous devriez aller voir le film de Luc Picard et Fred Pellerin, *Ésimésac*. Noël-lesque à souhait, la force du nombre devant le malheur partagé et un *Minuit, chrétiens* réussi en ces périodes de disette où l'on ouvrait les cruchons de vin avec le pouce d'un homme fort. Moi, ce sera mon film de Noël, cette année. Je le reverrai avec les enfants pour leur radoter comment ma grand-mère gaspésienne recevait une orange à Noël et l'économisait jusqu'aux rigodons du jour de l'An...

Parlant d'enfants, puisque c'est pour eux que vous filez en traîneau, il y a Adrien, sept ans, avec une demande spéciale que sa maman m'a fait parvenir. L'autre jour, il a écrit à Jeanne, la fille de ses rêves, un poème sur une carte en cœur qu'il voulait lui offrir avec la bague de mariage de sa grand-mère, retrouvée dans le coffret à bijoux maternel. Un homme à femmes n'y va jamais avec du toc, qu'avec le roc de ses sentiments, quitte à se délester de ses bijoux de famille.

« Jeanne, tu es belle
Tes yeux sont des hirondelles
Qui volent dans le ciel. »

Moi, si je m'appelais Jeanne, j'aurais craqué.

Il l'aime « extrêmement » et l'amour qui n'est pas payé de retour, vous savez comme moi comment ça se termine... par une indigestion de Nutella.

Gardez vos Lego, père Noël, mais rapprochez deux cœurs, ce serait déjà un petit pas vers le bonheur d'y croire.

Joblo

# Murmures de boîtes à chaussures

UNE LIBRAIRIE D'OCCASION

––––––––––

«La boutique d'un libraire : le cimetière des vivants et des morts.»
Antoine Baudeau de Somaize

Paris 19ᵉ – J'y ai pénétré par hasard, en suis ressortie quelques heures, quelques siècles, plus tard, plus sonnée qu'une cloche. Dans la Librairie Laumière, les livres d'occasion jasent et voici ce qu'ils murmurent à qui retient son souffle pour les entendre.

— On étouffe ici ! Vivement que quelqu'un ratisse la boîte du théâtre noir. Ils n'en ont que pour le roman policier, la BD et les guides touristiques sur la baie de Somme, c'est l'été...

— Ta seule chance de prendre l'air aujourd'hui, c'est de tomber à terre. Habituellement, ils te fichent la paix. Solenn, la petite libraire, ne les ramasse plus depuis qu'elle a pris la Bible sur la tronche. Elle y voit un message de l'au-delà.

— «Heureux qui a ramassé les morceaux depuis le commencement.»

— Toi, Alain, tu la boucles. Tu radotes, le philosophe. La vie n'est pas un puzzle et ici, c'est un labyrinthe. Soixante-dix mille bouquins dans ce bazar et nous sommes tous en attente d'un recommencement. La vie nous a écornés, jaunis, certains sont morts au combat, d'autres plus très vivants.

— «C'est le sort de tous les hommes de génie ; ils ne sont pas à portée de leur siècle ; ils écrivent pour la génération suivante», disait mon pote Diderot.

— Chut ! Voilà un chineur, c'est pas le moment de l'effrayer.

— Pfff. Il est parti avec le *Kâma-Sûtra bestial*, tu parles ! Marqué 12,5 francs, en plus. Dans une librairie, ce qu'on vend le moins, c'est la littérature.

— Évidemment, quand on s'intitule *De la galanterie au libertinage*, on est en droit d'être jaloux !

— Chaque trouvaille se gagne ici ! Cessez de vous disputer. Dans cette librairie, on trouve surtout ce qu'on ne cherche pas. Nous ne sommes pas sur AbeBooks.

— Ne parle pas de malheurs... Je préfère encore prendre mon pied dans mon carton à chaussures même si je m'intitule *Vivre avec des cons.*

— Vos gueules, les mouettes ! Quelqu'un se souvient du premier carton qui est entré ici ? Toi, Artaud ? T'es ici depuis un moment, non ?

— Oh, moi, j'ai un peu abusé de l'opium au Mexique, vous relirez *Les Tarahumaras*. Bien avant Carlos Castaneda, d'ailleurs, j'ai tâté du peyotl avec les Indiens dans les rites sacrés et j'ai saboté mes fiançailles en faisant un discours sur les effets de la masturbation sur les jésuites. On m'a même enfilé la camisole de force. Alors, les boîtes à chaussures, savez, il y a pire...

— Si je peux me permettre, je crois que ça date de l'arrivée de Rebecca, la fille de madame Gast, la propriétaire bretonne qui pousse une gueulante à l'occasion. C'est son idée, les boîtes, ça loge davantage. Elles viennent du marchand de chaussures d'à côté et ça leur permet de faire des tiroirs sur les tablettes. Les plus précieux ont droit au sac Ziploc mais il faut aimer les étuves.

— Et la guérison ne peut venir que de l'art ?

— Qui a dit ça ?

— Zola... ou Stephen Fry, je ne sais plus.

— Je croyais que c'était Borges... En tout cas, Solenn, la petite libraire, elle a tout lu Borges, à 32 ans ! Une spécialiste ! Entre nous, c'est ma préférée. Et elle fume des rouleuses, comme à l'époque des Gitanes, la clope de Prévert et de Camus.

— Borges rêvait d'une bibliothèque qui contiendrait tous les livres. Il a écrit : « Ordonner une bibliothèque est une façon silencieuse d'exercer l'art de la critique. » Il n'a visiblement jamais mis les pieds ici ! Complètement par hasard, les monarchistes sont placés à côté des anarchistes !

— Tais-toi ! Tu vas finir par te retrouver dans la réserve...

— La réserve ? Passe encore ! Derrière ce rideau, dans ce réduit qui empeste la cendre froide et le mourant, les fusillés de guerre discutent avec des prostituées. Mais la trappe, dans la réserve, personne n'en est ressorti vivant. Des milliers de livres, un cimetière, dorment sous le plancher de ce magasin. Au début, ils y jetaient les inclassables, les abîmés ou les doublons. Puis, la cave s'est remplie. Plus moyen d'y descendre, c'est la fosse commune, pire qu'Internet.

— L'autre jour, un client est reparti de là avec *Le degré des âges du plaisir*, daté de 1798. J'ai déjà entendu l'auteur me souffler sa prose...

— On peut savoir ? Moi, je me tape la comtesse de Ségur tous les jours et toute la Bibliothèque rose dans la section enfants. Ça me changerait !

— D'accord, j'y vais de mémoire : « Je ne me le fais pas répéter. Je troussais Émilie, et, sans m'arrêter à examiner ses cuisses, son ventre, sa motte et son – trop vulgaire –, vomissant tous les feux de la luxure, je tirai mon membre nerveux hors de sa prison, dont il aurait pu de lui-même forcer les boutons, et nos corps se joignirent. »

— Que ça ? Vous devriez lire mes livres. J'y suis bien plus cru dans *Trois filles de leur mère*, publié sous le manteau en 1926. On s'amusait bien à l'époque et on ne montrait rien. L'imagination, en matière de sexe, y a que ça.

— Oh, vous, Louÿs, vous êtes un intemporel. L'autre jour, on vous a acheté *La femme et le pantin* avec des gravures sur bois originales dans l'édition 1930.

— Eh oui ! Mon chef-d'œuvre selon plusieurs, un noble espagnol, cocu de première, qui se fait emberlificoter par une jeune putain qui danse le flamenco à merveille. Trois francs cinquante centimes à l'époque, revendu dix euros aujourd'hui.

— Le client qui l'a acheté s'est informé auprès de Rebecca : « C'est classé comment vos livres ? » Elle a répondu : « Très bien ! » Mieux vaut en rire. La phrase qu'on entend le plus souvent ici, c'est « Je ne trouve pas ! ».

## LA SEMAINE DE SUZETTE

— Et la vieille ? Tu te rappelles la vieille de la rue de Meaux qui vient en manteau de laine et en pantoufles, même en juillet ? On dirait qu'elle est transparente, tant elle est usée. Une tasse de porcelaine sur pattes.

— Ah, celle-là, elle n'est pas vieille, elle est immortelle. Pas une semaine sans qu'elle n'entre acheter un polar. Mais ce matin, elle cherchait des livres d'avant-guerre ; elle voulait *La Semaine de Suzette* : 50 €, une somme ! Elle l'a feuilletée longuement dans l'entrée en se plaignant qu'elle aurait un malaise entre les rayons. Solenn lui a tenu la main. Si c'est pas aimable, cette fille. Il n'y a que les libraires qui ont encore le temps de s'occuper des vieux.

— Moi, je me dis qu'un jour on en retrouvera un de mort quelque part tout au fond, avec un livre de poésie hébraïque entre les mains. À moins que la libraire trépasse les yeux grands ouverts en replaçant *Les prévisions de Lénine sur les tempêtes révolutionnaires en Orient*.

— C'est une belle mort, allez, enfouie dans une pyramide de bouquins. « La boutique est la patrie d'un boutiquier. Il est prêt à mourir pour elle. Personne ne mourra pour une grande surface. »

— C'est de toi, ça, Coluche ?

— Non, c'est mon pote Wolinski, toujours vivant. Mais je l'attends ici.

# Tutoyer les nuages

## NE RIEN FAIRE ET LE FAIRE BIEN

————————

« J'ai tellement besoin de temps pour ne rien faire, qu'il ne m'en reste plus pour travailler. »
    Pierre Reverdy

Je ne sais plus comment j'en suis venue à conjuguer le verbe « s'affairer » à toutes les sauces. Mais, peu m'importe, le diagnostic est clair : je ne sais plus rien faire. Rien faire comme dans « tutoyer les nuages », « se perdre dans ses pensées », « faire la grasse mat' », « rêvasser devant le paysage », « s'endormir sur un roman de Colette », « se laisser caresser par le vent », « faire le chat », « vaquer », « jouer au tic-tac-toe dans le sable », « somnoler », « placoter », « bizouner », « glander », « paresser », « aoûter », « procrastiner ».

Mon esprit est trop agité, le programme trop chargé, les gens autour de moi trop occupés. Tous, sauf un.

J'observais mon copain Franck, cette semaine, 63 ans, toujours l'air d'être en vacances celui-là, peu importe la température, les circonstances, l'heure ou le jour de la semaine. Relax, le mec. Il joue la plupart du temps, et le reste du temps il n'est jamais très sérieux, n'a pas perdu cette capacité appréciable de redevenir un enfant de cinq ans. « Comment tu fais ? T'as toujours l'air de ne rien faire… », lui ai-je demandé. « J'y vais à mon rythme, c'est le secret ! » Franck avait quand même « fait » 32 kilomètres de patin durant la journée, une heure de vélo pour se rendre chez moi, encore frais et dispos, le sourire aux lèvres, la remarque affable et le front dégagé, sans cumulus à l'horizon.

« Tu te sens coupable quand tu ne fais rien ? », m'a-t-il questionnée. Ben oui. Horriblement. Y a tant de choses à accomplir et seulement deux-trois jours de beau temps dans un été. Même en vacances, je ne sais plus laisser le temps passer. Même faire l'amour, tu vois, c'est encore faire quelque chose. J'aimerais apprendre à défaire, à laisser faire plutôt qu'à faire, improviser plutôt que viser, passer mon tour plutôt que me dépasser.

Tiens, c'est dans la préface du livre *Le droit à la paresse* (1883) de Paul Lafargue (gendre de Marx et son traducteur en français) que j'ai trouvé cette citation du philosophe Jean Baudrillard : « Cette paresse est d'essence rurale. Elle se fonde sur un sentiment de mérite et d'équilibre "naturels". C'est un principe de discrétion et de respect pour l'équivalence du travail et de la terre : le paysan donne, mais c'est à la terre, aux dieux, de donner le reste – l'essentiel. Principe de respect pour ce qui ne vient pas du travail et n'en viendra jamais. »

Au fond, le plus important se fait tout seul et il n'y a pas à tirer sur les primevères pour qu'elles poussent.

## C'EST COMBIEN POUR LE DROIT À LA PARESSE ?

Au chapitre des médailles, j'en ai soupé des concours de « à qui en fera le plus durant ses vacances », à qui performera davantage dans le défi sportif, ou de la découverte du produit du terroir, ou de l'endroit rêvé pour déployer ses talents de touriste zélé. Sans compter ceux qui ne prennent tout simplement pas de vacances, ou alors jamais sans leur portable ou une pile de travail à leurs côtés, histoire de bien nous montrer de quoi ils sont incapables. Le productivisme nous a complètement javellisé le farniente.

Y a plus moyen de bâiller en paix et de gober des mouches, de moisir idiot sous la pluie.

Les vacances doivent être réussies, comme on réussit sa vie, ses amours, ses enfants, son boulot, ses amitiés et son quatre-quarts. Les vacances, C'EST du travail. Et pour tout dire, la longue liste des activités à cumuler, de gens à voir (pour ne rien faire ensemble) me procurera elle aussi un sentiment d'échec et d'inaccomplissement général. J'aurais pu en « faire » plus.

J'ai lu le philosophe et mathématicien Bertrand Russell dans *In Praise of Idleness* (un éloge de l'oisiveté publié en 1932). Il écrit qu'après la lecture de ce texte, les dirigeants du YMCA devraient faire une campagne de publicité pour inciter les jeunes hommes à ne rien faire. « Si oui, je n'aurai pas vécu en vain », proclame celui qui prônait la journée de travail de quatre heures. Lafargue, lui, en préconisait trois.

On a longtemps cru que le travail, c'était la santé, et que plus les pauvres travailleraient, moins ils auraient de temps à consacrer au vice. Résultat ? Y a autant de vices qu'avant sauf qu'on peut se cacher derrière un ordi pour s'y adonner.

## L'ART DIFFICILE DE NE PRESQUE RIEN FAIRE

Je m'agitais sans trop m'en faire jusqu'à ce que je tombe sur un livre de chroniques de Denis Grozdanovitch, *L'art difficile de ne presque rien faire* : « [...] je mesurais avec une certaine amertume la complexité du problème que posait l'exercice de la paresse dans le monde d'aujourd'hui, lequel, on le savait, avait fait sa religion de l'activisme anglo-saxon protestant : la rédemption par le travail ! En effet, j'avais pu constater plus d'une fois combien il était difficile, pour ne pas dire impossible, à mes contemporains de prendre à la lettre de vraies vacances : il suffisait, pour s'en persuader, d'observer leur rythme de loisirs frénétiques menés tambour battant dès l'aurore. Ces prétendus loisirs étaient désormais entièrement inféodés au sacro-saint credo du rendement et de la productivité. Plus triste encore : ceux-là mêmes qui tentaient d'échapper à cet activisme des loisirs devaient faire face à une telle force d'entraînement collectif qu'ils ne pouvaient y opposer qu'une sorte d'inertie annihilante privée des saveurs de la paresse hédoniste et gâtée par les âcres relents de la culpabilité. » C'est bien ce qui me semblait.

L'auteur nous décrit un avant-midi de pêche avec son père, enfant, qui m'a donné envie de me remettre au cidre qu'on place au frais dans l'eau de la rivière et aux petites truites qu'on rissole dans la poêle sur le bord de l'eau.

Son père lui enseigne l'art de ne (presque) rien faire et termine la sortie de pêche en disant : « Vois-tu, fiston, nous sommes la plupart du temps bien plus heureux que nous ne le croyons ! »

Y citant Jerome K. Jerome (*Pensées paresseuses d'un paresseux*), le chroniqueur note quelque part : « La paresse, comme un baiser, pour être agréable, doit être volée. »

Alors, voilà, je vous souffle un baiser par la fenêtre et je file comme une voleuse. Penserez à moi si vous repêchez une bouteille de cidre dans une rivière…

# Le plus vieux métier du monde

## ET CELUI DONT ON NE PREND JAMAIS CONGÉ

«Un enfant n'a jamais les parents dont il rêve. Seuls les enfants sans parents ont des parents de rêve.»
Boris Cyrulnik, *Les nourritures affectives*

Ils sont drôles, les parents. Nous sommes déjà à mi-été et bon nombre d'entre eux comptent les jours jusqu'à la rentrée, mi-coupables, mi-exaspérés, mi-exténués, mi-découragés. «La rentrée? Les vacances des mères qui commencent», ai-je souvent entendu.

La maternité est une vallée de larmes, de joies et de contradictions, le métier le plus ingrat qui soit. Je me retenais de le lui dire, en la regardant se dandiner devant moi, du haut de ses 35 ans, mûre comme le sont les fruits qui ne demandent qu'à tomber. Mûre comme le sont les femmes dont l'horloge leur fait perdre le fil de la carrière et du moi tout-puissant. Mûre mais inquiète de lâcher prise.

Je me retenais et, en même temps, j'essayais de la rassurer. Non, toutes les femmes ne deviennent pas gagas, non, elles n'allaitent pas toutes jusqu'à deux ans, n'ont pas envie de parler seulement crème de zinc et garderies, allergies et pédiatres. Non, la maternité n'est pas une prison quand on a eu une vie avant et qu'on se promet d'en avoir une après. Sauf que.

Sauf qu'il y a des mères sans instinct. Et qu'on ne le sait pas toujours avant. Sauf que la maternité est une loterie et que le gros lot est rare. Sauf que notre société privilégiée, même si elle offre beaucoup de ressources (si tu as le $$$), te condamne à la solitude dès que ça retrousse. Sauf que tous les parents n'aiment pas leurs enfants de façon égale. Sauf que la plupart des gens n'aiment QUE leurs enfants, rarement ceux des autres (un autre tabou).

Mes amis qui s'arrachent la compagnie de mon fils au point de vouloir me l'emprunter sont soit écrivains pour enfants, animateurs en milieu scolaire, trop vieux pour en avoir, gagas des films de Walt Disney ou parents d'un enfant unique (plus facile quand ils sont deux). Ce sont des amitiés à cultiver.

Pour le reste, les Africains l'ont dit bien avant Hillary Clinton, ça prend un village pour les élever. Et ici, le village ressemble à un blogue de mômans (les (Z)imparfaites), ou un exutoire de type «Mère indigne». Les mères avouent incognito qu'elles prennent un martini de trop, qu'elles crient, sacrent, n'ont plus envie de faire l'amour, ni de se dévouer, ni d'être à l'image de ce qu'on attend d'elles, à mi-chemin entre la Vierge et Mère Teresa. Bref, elles ont souvent l'impression de ne pas avoir lu les petits caractères en bas du contrat.

## AIMER SON ENFANT MAIS NE PAS AIMER LE RESTE

En lisant un article dans le *New York Magazine* («All Joy and No Fun. Why Parents Hate Parenting», 4 juillet 2010) qui a fait quelques vagues dans la blogo, j'ai été à moitié surprise d'apprendre que selon toutes les recherches, sauf une... danoise!, devenir parent rendait les gens malheureux. Ou plutôt que la parentalité ne rendait pas plus heureux si on s'en tenait à un seul marmot. Plus d'une tête blonde et vous dégringolez dans l'échelle du bonheur.

Et les mères sont moins heureuses que les pères, les monoparentales aussi, forcément. Les parents sont aussi plus déprimés que les non-parents, qu'ils soient célibataires ou mariés, qu'ils aient un enfant ou quatre. Bien sûr, me dis-je, quand on regarde l'avenir à travers leurs yeux, à moins d'être myope, y a de quoi se faire du mouron.

En fait, l'euphorie de la maternité (et paternité) dure très peu de temps en regard des 18 années qui nous attendent. En gros, les classes moyenne et supérieure font un projet perfectible de leur(s) enfant(s), projet angoissant s'il en est, et une course semée d'embûches, vouée à bien des déceptions.

Étonnamment, tous les parents consacrent davantage de temps à leurs enfants que les parents des années 70, incluant les mères qui ont rejoint le marché du travail. Ces mêmes mères ont moins de temps de loisir aujourd'hui, mais 85 % d'entre elles pensent qu'elles ne passent pas assez de temps avec leurs enfants.

En fait, à partir du moment où l'horloge se met à nous torturer, nous idéalisons probablement la maternité, ses sacrifices et ses joies. La réalité ? Le partage des tâches n'est toujours pas un partage, le «mommy track» (ou «daddy track»), même choisi, est une voie qui favorise... les autres, y compris monétairement, le sacrifice de soi n'est pas valorisé ni même valorisant, on se sent souvent dépassé et la garde partagée (quand elle s'effectue entre deux adultes) n'est pas une si vilaine invention puisque le partage s'avère enfin possible même si le coût affectif est élevé.

## ÉMOTIONS EXTRÊMES

Si la grande majorité des parents aiment leurs enfants, à la vie à la mort, au point de tout leur donner, reste que le « métier » de parent est une autre paire de manches et qu'on confond souvent les deux. On peut déborder d'amour pour sa progéniture mais détester faire de l'éducation : établir des limites, négocier, dire non, punir, répéter, répéter, se choquer, culpabiliser, exercer sa patience comme un muscle endolori, expliquer, réexpliquer autrement, piler sur son orgueil et son cœur, ne pas flancher, lire tous les livres de psychoéducation vendus en pharmacie, résister à l'appel de l'apéro à 17 heures sur une terrasse ; tout ça n'est pas coté en Bourse, ne fait pas partie du PIB et pourtant, c'est le côté obligé et pas du tout givré de la parentalité.

Les plus doués s'offrent un popsicle à la fin de la soirée en regardant *Mad Men 4* et en rêvant du bon vieux temps où papa avait raison et où l'autorité n'était pas un si vilain remède. Le scotch non plus. Somme toute, ma génération aura connu le pire : des parents omnipotents et des enfants-tyrans.

Mettre un enfant au monde, c'est être forcé de devenir adulte, le programme d'une vie. Et embrasser la maternité vient avec son lot d'émotions extrêmes : grandes joies, grandes déceptions, grandes inquiétudes, grandes peines, grande culpabilité, grandes fiertés, grands deuils, rien à moitié. Mutuellement, nous avons le pouvoir de nous détruire ou de nous sauver, comme dans toutes les grandes histoires d'amour.

Tout donner et ne rien attendre en retour peut se conjuguer avec le verbe aimer. Mais aimer prend du temps, beaucoup de temps, celui dont nous manquons le plus cruellement : le temps qui prend son temps.

# Le legs du fond de tiroir

**LETTRE AU PAPA DE MON B.**

———————

« Certains n'oublieront pas ce qui me fut moins beau.
Je te le donne aussi, car tu es mon enfant.
Les échecs de ma vie, mes soirs de Waterloo,
Les remettre à mon fils quand il aura seize ans »
    Gilbert Bécaud, *À remettre à mon fils quand il aura seize ans*

197

Salut Pops,

Il est trois heures du mat'. Je n'arrive pas à fermer l'œil. J'ai signé mon testament chez le notaire ce matin et je ne te lègue rien. Et puis, surtout, je te laisse l'essentiel. Je te laisse le soin de faire un B majuscule avec notre fils. C'est pas rien quand on pense que tu mesures 6 pieds 4... Parfois, je me demande comment tu fais pour être si terre à terre en ayant la tête si près des nuages.

Je t'écris pour échapper à la nuit, à l'angoisse qui me taraude devant la mort, si proche certains jours. Une mère n'a pas le droit de mourir, surtout pas avant les premières médailles, les égratignures d'une nouvelle peine d'amour et le nez qui saigne après la bataille.

Si je mourais demain, il faudrait peut-être que je laisse autre chose que des REEE à notre B. Un peu de moi qui ressemble à une filiation, des racines dans l'arbre généalogique, davantage que ce B des Blanchette, des repères dans les souvenirs épars qu'il conservera, la pérennité d'un amour, l'urgence de s'accomplir, une morale, des sens, des mentors, des horizons. Et c'est à toi que revient la charge incommensurable d'assurer l'à-venir.

Tout d'abord, garde le contact avec toutes les personnes signifiantes de sa vie. Ça te fera des gardiennes le samedi soir. Et puis, n'oublie pas les régions, ses racines, la Gaspésie sera toujours un havre pour lui ; Clo, Cri et la-Marie-Chagnon, ses hôtes. Tiens, mission pour un superhéros, je te mets en charge d'aller éparpiller quelques onces de mes cendres en haut du phare de Cap-des-Rosiers (tu connais la recette, nous l'avons fait ensemble pour mon grand-père). Comme ça, notre B. pourra penser à sa mère en regardant la mer, c'est un horizon plus mouvant qu'une pierre tombale.

Tu emballes le tout dans une petite cérémonie pas trop officielle, quelques bouteilles de bonnes bulles, trois ou quatre chansons pour pleurer et on n'en parle plus, sauf quand on a envie de pleurer. Pour les chansons : *Je m'envolerai* de Daniel Lavoie et *Y'aura du monde* de Barbara. Tu peux aussi ajouter *À mourir pour mourir* parce que ça parle de vague qui cogne, de rivage et d'équipage. Tu termines avec *Je n'aurai pas le temps* de Michel Fugain. Ça devrait suffire à vous émouvoir.

Parlant musique, arrange-toi pour que notre B. apprenne un instrument, il a déjà de l'oreille. La guitare, ça pogne avec les filles. L'accordéon, ça pogne avec tout le monde. Et il aime les deux : les filles et tout le monde. L'harmonica – ça fait terroir –, tu ne peux pas draguer la bouche pleine mais tu peux te faire aller le « crawfish » comme dit Claude, le chanteur des Petites Tounes.

Et n'oublie pas la danse ! Mon copain Vincent est mandaté pour lui faire faire ses premiers pas de « freestyle ». À cinq ans, il sera déjà capable de se bouger les fesses. Succès assuré auprès des gonzesses, des gais et des matantes dans les mariages. Et puis, c'est un art de vivre, une façon très pratique de s'élever l'esprit en passant par les pieds. Tu peux l'envoyer au Brésil chez Denis, qui enseigne le tango à Salvador. Il lui montrera aussi les meilleures façons de draguer, d'essuyer un refus sans en faire une affaire personnelle.

Pour compléter le volet culturel : mes livres de philo, de poésie, tout Christiane Singer, tout Gary, Colette, Réjean Ducharme, Anne Hébert, Dany Laferrière, le *Bestiaire* de Serge Bouchard et Dorothy Parker. Tout est là.

Ma collection de littérature érotique ? Bof. Ça ne s'apprend tellement pas dans les livres. Conserve peut-être Henry Miller et Anaïs Nin, vu qu'ils ont couché ensemble, les grands auteurs, les libres penseurs, qui n'ont pas eu peur de perdre leur crédibilité en célébrant leurs instincts.

Pour la musique, je lui lègue TOUS mes disques de musique française. J'ai appris à écrire grâce à Mouloudji, Barbara, Gréco, la môme Piaf, Jeanne Moreau, Brassens, Montand, Reggiani, Bécaud, Aznavour, Brel, Hardy, Dutronc, Gabin,

198

Gainsbourg (sans oublier sa muse, Birkin), Lama et les autres, même Dalida. Toute la famille t'attend. Je fournis les écouteurs...

Parlons cuisine : ma collection de grimoires est vaste, comme tu sais. Tu peux tout garder, c'est important. S'il devient chef cuisinier, il aura de quoi s'inspirer. Sinon, de quoi échapper à la monotonie du souper.

Côté bouffe, tu me connais, évite-lui tout ce qui ne goûte rien et, pour le reste, tout ce qui n'a pas de sens. Je sais, c'est un job à temps plein.

Côté langue, il aime déjà la lecture, c'est gagné, mais je te laisse aussi mes Larousse du XXᵉ siècle en six volumes, avant qu'il ne tombe dans le cratère d'une réforme holistique. Emmène-le en Acadie pour entendre combien on peut perdre sa langue en quelques générations, surtout par manque de fierté.

## SAUVER LES MEUBLES

Merde ! J'allais oublier le plus important, le banc de quêteux ! Celui qui est dans la salle à manger et me vient de mon arrière-grand-mère gaspésienne, Joséphine Mercier. Toute l'histoire du Québec (et tu lui fais lire *Le Survenant* de Germaine Guèvremont dans la foulée) dort dans ce meuble. Tu ajoutes un rabot de son mari François-Xavier, leurs deux chaises berçantes en osier, une ou deux horloges, et on est tranquilles pour la section antiquités québécoises ramassées par feu son grand-père.

Là où je suis moins tranquille, c'est sur les gens à rencontrer, les esprits libres et les originaux qui ont façonné ma vie. Qui restera encore ? Les Languirand, Benoît Lacroix, l'Anglo, Franck, Anne Dandurand ? J'aimerais bien qu'il connaisse aussi Jean Lemire et Pierre Lussier (du Jour de la Terre) pour son premier job d'été. Bouddha, s'il lui reste du temps libre, par l'entremise de Drenpa, la nonne bouddhiste de la rue Laurier. Elle lui apprendra à pardonner.

Je lui laisse aussi un parfum, le mien, *L'eau d'Issey pour homme*, il pourra le porter l'été et *Herrera for Men*, plus costaud, pour l'hiver.

N'insiste pas trop sur mes défauts, c'est ce qui rend les disparus attachants, je parle d'expérience. Mais ne t'appesantis pas non plus sur mes qualités, je ne veux pas devenir son mythe personnel. Que je sois une inspiration, c'est bien, mais une fascination, c'est nul.

Dis-lui aussi qu'il aura été l'homme de ma vie. Mon plus grand amour et sans conditions. Dis-lui combien j'ai aimé aimer. Lui et tout ce qui garde en vie, incluant le champagne et le chocolat.

Ah oui, Arthur Miller (le mari de Marilyn Monroe) prétendait qu'il y avait deux sortes d'hommes : les fils éternels et les pères. Essaie d'en faire un père, c'est plus solide. Je parle encore d'expérience.

Je suis certaine que j'en ai oublié, mais le reste, il l'a. Il t'a.

Je vous veillerai de là-haut, mais faites pas les cons, je veux aussi me reposer...

Josée

P.-S. – Tu peux conserver cette lettre sous « Foutu destin », « Testament du fond du cœur » ou « Adios à mon gosse ». Ça pourrait servir. Et ça servira longtemps, c'est la seule chose dont je sois certaine.

P.-P.-S. – Bonne fête des Pops !

# L'armoire aux souvenirs

## LA MÉMOIRE DANS LA NAPHTALINE

───────

« Songe que tous les jours des souvenirs s'entassent ;
Mes souvenirs à moi seront aussi les tiens :
Ces communs souvenirs toujours plus nous enlacent
Et sans cesse entre nous tissent d'autres liens. »
        Rosemonde Gérard, *L'éternelle chanson*

201

Son testament le plus tangible, je l'ai devant moi et il tient sur deux rubans qui totalisent trois heures d'écoute. Mon grand-père Alban m'y raconte, du plus loin que ses neurones se remémorent, la Gaspésie d'une époque révolue. Il n'avait que 87 ans en cet automne de 1996 et nous avions décidé de remonter le chenal de ses souvenirs.

Depuis hier, depuis toujours, j'écoute mon grand-père conter, sa famille de douze enfants dans le rang Saint-Martin, la pauvreté qu'il fuyait en allant aider ses grands-parents pour les sucres : « J'allais jouer aux cartes avec ma grand-mère Julienne et elle me faisait des crêpes. Ça, c'était mon mets ! On n'avait pas ça chez nous, on était trop pauvres. Ma mère a eu ses six gars et ses six filles entre 1909 et 1923 ! »

Et mon ancêtre conte, s'arrête, tire sur la pipe de sa mémoire, empoigne le gouvernail, tourne les coins ronds et repart en baissant le ton, comme pour me livrer un secret. Mon grand-père adorait conter. Il connaissait la valeur d'un silence, l'apnée d'une pause, le revirement d'une situation qu'on retrousse comme un bas. Et entre nous, cette délirante conversation s'est poursuivie durant 35 ans.

J'avais six ans lorsque j'ai enfin pu démêler le coton de la parlure de Cap-des-Rosiers de l'accent tissé dans le lin du pays. Avant, je l'écoutais sans comprendre. Mais une fois que j'ai saisi ce que je tenais au bout de mon hameçon, je n'ai jamais cessé de giguer le bon vieux temps. Un temps sans eau courante, ni kleenex, ni électricité ; un temps à ne pas mettre un chien, un quêteux ou un pauvre dehors ; un temps qui ressemble davantage à une pub de Bell qu'à l'ère postindustrielle. « Le plus dur pour ma mère, me disait encore Alban le mois dernier, c'était de garder le lait frais. Elle le mettait dans la fontaine, c'est comme ça qu'on appelait le puits. Dans le fond du seau, elle conservait ses bouteilles de lait l'été. »

## L'ÉCRIVAIN PUBLIC

Un amalgame entre *Les filles de Caleb* et *L'ombre de l'épervier*, la vie de jeunesse de mon grand-père est un monde de légendes et de trésors débusqués au fond d'un puits. Jamais mon imaginaire n'a cessé de s'émerveiller devant la rudesse de cette vie de colons et de défricheurs. Jamais ma curiosité ne s'est lassée d'en apprendre un peu plus sur le quotidien de ces femmes et de ces hommes triomphant de l'aridité du climat, de l'inhospitalité d'un coin de pays de roches, de vents et de sel.

Alban ne se fatigue pas de dépeindre les camps de bûcherons, où son père l'a entraîné dès 11 ans : « À 11 ans, on te traitait en homme ! Il faisait – 40, on dormait dans des tentes avec 10 couvertures de laine. On pouvait voir la buée sortir de nos corps ! Il y avait un feu dehors toute la nuit. Mais un feu, ça chauffe seulement le devant pis le derrière ! », me dit-il. C'est dans les camps de bûcherons qu'il devient cuisinier à 13 ans, puis charretier, en charge des « teams » de chevaux, sa passion. Il arrondit son salaire de 35 cennes de l'heure avec le métier d'écrivain public : « J'étais allé à l'école jusqu'à 10 ans. Les gars savaient pas écrire, oublie pas ça ! J'écrivais à leurs femmes. Dix cennes la lettre. Les gars me disaient : « Dis-lui que je suis bien et que je m'ennuie d'elle. » Mais moi, ça finissait pas là ! Je leur racontais toutes sortes de menteries, que j'avais hâte de me coucher près d'elle. À la fin de l'hiver, les femmes demandaient à leur mari de m'emmener avec eux à la maison. Elles voulaient rencontrer celui qui avait écrit les lettres... »

Alban coupait aussi les cheveux contre un paquet de tabac et il faisait de la cordonnerie. Il envoyait son salaire à la maison, pour aider sa mère. Son père, Tancrède, a passé 27 hivers dans les chantiers. Un champion limeur (limeur de scies) et un bûcheux, il surveillait aussi son fils aîné du coin de l'œil. « Il avait raison ! Les gars étaient emmanchés comme des étalons et à force d'être dans le bois, loin de l'église, il leur venait des idées... »

Se laver ? « Oublie ça. Au Québec, on se lavait pas. Moi, c'est en Ontario (il prononce « en Nonnetério ») que j'ai appris à me laver. Il y avait des Polonais dans les chantiers et ils construisaient des saunas dans une petite cabane. Ils mettaient des pierres à chauffer pis ils entraient dans la cabane tout nus. On suait là-dedans ! Pis après, ils se roulaient dans la neige. Quand on avait des poux, on allait les faire geler dehors pis on r'virait notre combine de bord. »

Qu'il soit dans le fond des bois à Murdochville, Stoneham ou l'île d'Anticosti, mon grand-père a fui la pauvreté et la faim de l'âge de 11 ans à 17 ans avant de partir pour Montréal avec une « couple de cents dans les poches », juste avant « la Crise » : « J'envoyais tout mon argent chez nous mais je pouvais pas rester là. Je pouvais pas supporter la misère. C'était trop triste. J'ai fini par prendre un bateau à Gaspé. Je savais même pas où il allait. J'ai juste demandé : "Êtes-vous en montant ou en descendant ?" Ils étaient en montant ! Ils s'en allaient à Montréal. C'est comme ça que j'ai retonti à Montréal. S'ils avaient été à Vancouver, c'est là qu'on serait. »

Les récits de mon grand-père ne valent rien sur le marché de l'or, à peine plus sur le marché de la nostalgie, mais dans la balance de l'histoire, dans ce rapport à la survie et à la nature, son témoignage vaut plus que tous les musées de la mer, de la forêt et de la soutane réunis. Entre les fissures des mots, dans la mesure des syllabes, au bout du quai d'une phrase, mon grand-père m'a légué un passé, une continuité. Et une ressource naturelle qui se fait rare : du temps et la capacité d'en créer, de le faire durer, de l'apprécier quand il passe. Et puis surtout, de savoir que tout ce temps passé ne repasse guère. Et que tout le temps sauvé n'est que du temps perdu.

203

# EN GUISE DE REMERCIEMENTS

Merci à la direction du *Devoir* (Bernard Descôteaux, Josée Boileau, Roland-Yves Carignan), pour son ouverture d'esprit et l'enthousiasme à promouvoir la liberté de parole, le *zeitgeist*, en dehors des chemins pavés.

Un merci tout spécial au photographe Jacques Nadeau, complice de longue date, et artiste de l'instant présent. Comme un vieux couple, nous n'avons plus besoin de nous parler.

Merci à Diane Précourt pour toutes ces années à me relire dans l'ombre et avec le souci du détail.

Merci au directeur des pages culturelles du *Devoir*, Jean-François Nadeau, d'avoir suggéré la pertinence de ce recueil.

Merci à l'équipe de Flammarion Québec, Louise, Anne-Saskia et Marie-Claude, pour la minutie et les scones...

Merci à mon mari, fidèle vendrediste, ex-camelot du *Devoir*, recherchiste infatigable, et le lecteur le plus littéraire que je connaisse.

Merci à tous ceux qui nourrissent ces chroniques et me font assez confiance pour me laisser « traduire » leurs propos.

Et finalement, merci aux lecteurs récents ou de toujours, pour leurs commentaires, souvent intelligents et charmants, qui me poussent de l'avant et de l'arrière.

# TABLE DES MATIÈRES